SCHACHMEISTERPARTIEN

1960–1965

HERAUSGEGEBEN VON
RUDOLF TESCHNER

PHILIPP RECLAM JUN. STUTTGART

Universal-Bibliothek Nr. 8997 [3]

Schrift: Petit Garamond-Antiqua. Printed in Germany 1979
Satz: B. Baumgarten, Esslingen a. N. Druck: Reclam Stuttgart
ISBN 3-15-008997-2

VORWORT

Gegen Ende des vorigen Jahrhunderts hat Jean Dufresne in Reclams Universal-Bibliothek eine Reihe mit dem Titel „Das Buch der Schachmeisterpartien“ ins Leben gerufen, die fast ein halbes Jahrhundert weitergeführt wurde. Den Gedanken, die besten Leistungen der zeitgenössischen Meister auf den 64 Feldern zusammenzustellen und mit ausreichenden Kommentaren darzubieten, hat der Herausgeber aufgegriffen. Er fühlte sich dazu um so eher bewogen, als das Schach sich nach dem Zweiten Weltkrieg mit fast epidemischer Schnelligkeit über die ganze Welt ausgebreitet hat.
Es galt, aus dem überreichlich vorliegenden Material eine begrenzte Auswahl zu treffen und dabei für jeden Geschmack etwas zu bieten. Der Freund glänzender Kombinationen wird ebenso auf seine Rechnung kommen wie der Stratege und der Anhänger feinziselierter Endspielkunst. Auch an den eröffnungstheoretisch Interessierten ist gedacht worden, denn die Einteilung des Materials erfolgte, wie schon in den früheren Sammlungen, nach Partieanfängen, damit sich jeder den ihn besonders angehenden Stoff schnell heraussuchen kann.
Die Partien stammen fast durchweg aus den offiziellen Veranstaltungen der F.I.D.E. (Fédération Internationale des Echecs, Weltschachbund). Die Ausscheidungen zur Weltmeisterschaft gliedern sich wie folgt:
A. 10 Zonenturniere, die in allen Teilen der Welt ablaufen. B. Das Interzonenturnier, das die 24 Besten der Zonenturniere zusammenfaßt. C. Das Kandidatenturnier, in das die ersten sechs des Interzonenturniers einziehen; ferner sind der Exweltmeister und der Zweite des vorhergehenden Kandidatenturniers vorberechtigt. Der Sieger darf den Weltmeister zum Wettkampf um den Titel herausfordern, der über

24 Partien angesetzt ist. Erst seit dem Jahre 1948 bestimmt die F.I.D.E., der heute 64 Länder angehören, den systematischen Ablauf der Weltmeisterschaft. Vordem hatte es der Weltmeister in der Hand, sich seinen Gegner nach eigenem Gutdünken herauszusuchen. Die Wettkämpfe finden gegenwärtig in dreijährigem Turnus statt.

Weitere wichtige Veranstaltungen der F.I.D.E. sind das Schacholympia (alle zwei Jahre), die Europa-Mannschaftsmeisterschaft (alle vier Jahre), die Jugend-Weltmeisterschaft, die Frauen-Weltmeisterschaft (mit Ausscheidungen) und die Studenten-Mannschaftsweltmeisterschaft.

In den Einzel- und Mannschaftskämpfen der Damen und Herren sind die Vertreter der Sowjetunion seit Jahrzehnten an der Spitze. Dagegen vermögen sie sich in den Wettbewerben der Jugendlichen und der Studenten nicht in gleicher Weise durchzusetzen. Weltmeister ist zur Zeit der Armenier Tigran Petrosjan, der im Jahre 1963 seinen Vorgänger Michail Botwinnik $12^1/_2 : 9^1/_2$ geschlagen hat. Botwinnik besaß den Titel mit zwei einjährigen Unterbrechungen (1957 Smyslov, 1960 Tal) seit 1948. Bei den Damen dominiert die junge Nona Gaprindaschwili, die es an Spielstärke ohne weiteres mit den Herren aufnehmen kann. Ein Gleiches konnte man bisher nur von der früheren Weltmeisterin, Mrs. Menchik-Stevenson, sagen. Jugendweltmeister ist der Jugoslawe Kurajica; sein Vorgänger war der Rumäne Gheorghiu. In der Bundesrepublik Deutschland werden die schachlichen Belange vom Deutschen Schachbund wahrgenommen, der seit 1951 von Emil Dähne geleitet wird.

Berlin, Dezember 1965 *Rudolf Teschner*

A. Offene Spiele

1. PARTIE

Deutsche Meisterschaft, Bad Pyrmont 1961

Dreispringerspiel

Weiß — *Clemens*	Schwarz — *Darga*
1. e2—e4	1. e7—e5
2. Sg1—f3	2. Sb8—c6
3. Sb1—c3	3. g7—g6

Ein Zug, den auch Keres bevorzugt, um den Varianten des Vierspringerspiels auszuweichen.

4. d2—d4	4. e5×d4
5. Sc3—d5	5. Lf8—g7
6. Lc1—g5	6. Sc6—e7

Ein bekannter Fehler ist 6. Sg8—e7? wegen 7. Sf3×d4! Das droht 8. Sd4×c6, andererseits scheitern die Züge 7. Sc6×d4 an 8. Lg5×e7 und 7. Lg7×d4 an 8. Dd1×d4!, Sc6×d4 9. Sd5—f6+, Ke8—f8 10. Lg5—h6 matt!

7. Sf3×d4	7. h7—h6
8. Lg5—e3	8. Se7×d5
9. e4×d5	9. Sg8—f6
10. c2—c4	10. 0—0
11. Lf1—e2	11. c7—c6

In der Absicht, auf 12. d5—d6 mit Sf6—e4 fortzusetzen; falls dann 13. Le3—f4, so Dd8—a5+, und Weiß müßte schon die Rochade aufgeben.

12. d5×c6	12. d7×c6
13. 0—0	13. Tf8—e8
14. Le2—f3	14. Sf6—d7
15. h2—h3	

Zur Deckung des Punktes g4 gedacht. Daß Schwarz einmal auf h3 opfern kann, hat Clemens offenbar nicht ernsthaft gefürchtet.

	15. a7—a6

16. Dd1—c1	16. Dd8—h4
17. Tf1—d1	17. Sd7—e5
18. Lf3—e2	

Weiß

18. Lc8×h3!

Ein Opfer auf lange Sicht. Schwarz erhält für die Figur zwei Bauern und Angriff — eine bewährte strategische Konzeption.

19. g2×h3	19. Dh4×h3
20. c4—c5	

Nötig war 20. Le2—f1 nebst 21. Lf1—g2. Schwarz hätte mindestens Remis gehabt mit 20. Dh3—g4+ 21. Lf1—g2, c6—c5 22. Sd4—b3, Se5—f3+ 23. Kg1—f1, Sf3—h2+. Er hätte aber auch einfach 22. Se5×c4 ziehen und mehr anstreben können. Der geschehene Zug, der c6—c5 verhindern soll, ist zu langsam.

20. Se5—g4!

Erzwingt den Läufertausch, denn 21. Sd4—f3 geht wegen 21. Te8×e3 nebst Dh3—g3+, falls der f-Bauer wiedernimmt, nicht.

21. Le2×g4	21. Dh3×g4+
22. Kg1—f1	22. Te8—e5

Die Drohung 23. Te5—h5, gefolgt von Th5—h1 matt, drängt den Weißen in eine unheilvolle Zwangslage.

23. Sd4—e2	23. Te5—h5
24. Se2—g3	24. Th5—h2
25. Kf1—e1	25. Ta8—e8
26. Dc1—d2	26. Lg7×b2

Der Läufer ist wegen Te8×e3+ unantastbar.

27. Sg3—f1

Falls 27. Ta1—b1, so Lb2—e5 28. Sg3—f1, Dg4—g1.

27. Dg4—g1!

28. Ta1—b1

Weiß

28. Lb2—c3!

Dreifache Fesselung! Ein schönes Schlußbild. Weiß gab auf (29. Dd2×c3, Dg1×f2 matt).

2. PARTIE

UdSSR-Meisterschaft, Leningrad 1960

Königsgambit

Weiß — *Spaßky*	Schwarz — *Bronstein*
1. e2—e4	1. e7—e5
2. f2—f4	

Spaßky ist einer der wenigen Elitespieler, die gelegentlich zum „altmodischen“ Königsgambit greifen.

2. e5×f4

Die heutigen Meister verlassen sich mehr auf die Annahme des Gambits als auf Ablehnungen wie Falkbeers Gegengambit (2. d7—d5) oder das klassische 2. Lf8—c5.

3. Sg1—f3	3. d7—d5
4. e4×d5	4. Lf8—d6

Aus einer Partie Bronstein — Botwinnik, 20. UdSSR-Meisterschaft, ist die Folge 4. Sg8—f6 5. Lf1—b5+, c7—c6 6. d5×c6, b7×c6 7. Lb5—c4, Sf6—d5 mit ungefähr gleichem Spiel bekannt.

5. Sb1—c3	5. Sg8—e7
6. d2—d4	6. 0—0
7. Lf1—d3	7. Sb8—d7
8. 0—0	8. h7—h6

Natürlicher sieht 8. Sd7—f6 aus. Schwarz wollte wohl das Manöver 9. Sf3—g5, h7—h6 10. Sg5—e4 vermeiden.

9. Sc3—e4	9. Se7×d5

Nicht g7—g5 wegen 10. c2—c4.

10. c2—c4	10. Sd5—e3
11. Lc1×e3	11. f4×e3
12. c4—c5	12. Ld6—e7
13. Ld3—c2!	

Ein Räumungszug für die Dame. Spaßky baut eine Batterie auf, die gegen den Punkt h7 gerichtet ist.

13. Tf8—e8

Zuverlässiger scheint, besonders angesichts des Druckes auf der f-Linie, die Aufstellung g7—g6 nebst Kg8—g7 zu sein.

14. Dd1—d3 14. e3—e2

Weiß

Das beschwört eine ungewöhnlich interessante Opferwendung herauf.

15. Se4—d6!?

Auf Kosten eines Turms schlägt Weiß los. Ein gewöhnlicher Sterblicher hätte sich mit 15. Dd3×e2 und gutem Spiel begnügt.

Als Hauptvariante hat Spaßky selbst nachträglich eine undurchsichtige Zugreihe angegeben: 15. Le7×d6 16. Dd3—h7+, Kg8—f8 17. c5×d6 (droht Matt auf h8), e2×f1D+ 18. Ta1×f1, c7×d6 19. Dh7—h8+, Kf8—e7 20. Tf1—e1+, Sd7—e5 21. Dh8×g7, Te8—g8 22. Dg7×h6, Dd8—b6 23. Kg1—h1, Lc8—e6 24. d4×e5, d6—d5. Eine schwer zu beurteilende Stellung. Für die fehlende Qualität hat Weiß einen Bauern; außerdem kann sein Angriff jederzeit wieder aufleben.

15. Sd7—f8

16. Sd6×f7!

Das hatte Bronstein wohl übersehen. Der weiße Angriff wird übermächtig, weil der Springer unantastbar ist.

16. e2×f1D+

17. Ta1×f1	17. Lc8—f5

Wenn nämlich 17. Kg8×f7, so 18. Sf3—e5+, Kf7—g8 19. Dd3—h7+!, Sf8×h7 20. Lc2—b3+ nebst Springermatt auf g6. Reizend! Auf 17. Dd8—d7 wäre 18. Lc2—b3 vernichtend.

18. Dd3×f5	18. Dd8—d7
19. Df5—f4	

Die durchlöcherte schwarze Rochadestellung ist nicht zu halten.

	19. Le7—f6
20. Sf3—e5	20. Dd7—e7
21. Lc2—b3	21. Lf6×e5
22. Sf7×e5+	22. Kg8—h7

Wenn 22. Kg8—h8, so 23. Df4—e4.

23. Df4—e4+

Schwarz gab auf, weil bei 23. g7—g6 24. Tf1—f7+, bei 23. Kh7—h8 24. Tf1×f8+ dem Kampf sofort ein Ende gemacht hätte. Eine denkwürdige Schlacht der beiden eigenwilligen Großmeister.

3. PARTIE

Zonenturnier, Berg en Dal 1960

Russisch

Weiß — *Olafsson*	Schwarz — *Lopez*
1. e2—e4	1. e7—e5
2. Sg1—f3	2. Sg8—f6
3. d2—d4	

Eine alte, schon von Steinitz gespielte Fortsetzung, der man gegenwärtig gegenüber 3. Sf3×e5 den Vorrang gibt.

	3. e5×d4
4. e4—e5	4. Sf6—e4
5. Dd1×d4	5. d7—d5
6. e5×d6 e. p.	6. Se4×d6
7. Lf1—d3	7. Sb8—c6

8. Dd4—f4	8. g7—g6
9. Sb1—c3	9. Lf8—g7
10. 0—0	10. 0—0
11. Lc1—e3	11. Dd8—f6

Damentausch würde die schwarze Partie, die infolge des geringen Entwicklungsrückstandes einen gewissen Druck auszuhalten hat, erleichtern. Olafsson weist jedoch zwingend nach, daß das Tauschangebot verfehlt ist. In Frage kam 11. Lc8—f5 12. Ta1—d1, Dd8—d7.

12. Sc3—d5!

Bei 12. Df6×f4 13. Le3×f4, Sd6—e8 14. c2—c3 wäre der Bc7 verloren. Lopez bequemt sich zu einem fatalen Rückzug.

	12. Df6—d8
13. Le3—c5	13. Tf8—e8
14. Sd5×c7	14. Dd8×c7
15. Lc5×d6	15. Dc7—b6
16. Sf3—g5	16. Lc8—e6
17. Ta1—e1	17. Db6×b2

Weiß

Mit einem hübschen Doppelopfer beendet der isländische Großmeister den Kampf. Schwarz hatte zu Unrecht angenommen, rechtzeitig mit der Dame nach f6 zur Verteidigung zurückkehren zu können.

18. Te1×e6!	18. f7×e6
19. Ld3×g6!	

Den Läufer darf Schwarz nicht nehmen, weil nach 19. h7×g6 20. Df4—f7+, Kg8—h8 21. Df7×g6 undeckbar Matt droht.

	19. Db2—f6

Zu spät!

20. Lg6×h7+	20. Kg8—h8
21. Df4—g4	

Die Barriere ist durchbrochen, und obendrein ist Weiß mit zwei Bauern für die Qualität materiell nicht übel dran. Schwarz hat nichts mehr zu hoffen.

	21. Lg7—h6
22. h2—h4	22. e6—e5
23. Dg4—h5!	23. Kh8—g7

Der Ld6 ist wegen der Springergabel auf f7 indirekt gedeckt. Wenn 23. Lh6×g5 24. h4×g5, Df6×d6 25. Lh7—g6+ nebst matt.

24. Lh7—d3	

Wieder ist der Ld6 indirekt verteidigt: 24. Df6×d6? 25. Dg5—f7+ nebst matt bzw. 24. Lh6×g5? 25. Dh5—h7 matt.

	24. Te8—h8
25. Sg5—e4	25. Df6—e6

Oder 25. Df6—g6 26. Ld6×e5+.

26. Tf1—b1	26. b7—b6
27. Ld3—c4!	

Zum Schluß noch ein lehrreicher Damenfang.

	27. De6×c4
28. Dh5—g4+	

Schwarz gab auf. 28. Kg7—f7 29. Se4—g5+ hätte die Dame gekostet. Eine taktische Lehrstunde.

4. PARTIE

Länderkampf UdSSR — Bundesrepublik Deutschland, Hamburg 1960

Spanisch

Weiß — *Tal* (UdSSR)	Schwarz — *Dr. Lehmann* (Bundesrep. Deutschland)
1. e2—e4	1. e7—e5
2. Sg1—f3	2. Sb8—c6
3. Lf1—b5	3. a7—a6
4. Lb5—a4	4. Sg8—f6
5. 0—0	5. Lf8—e7
6. Tf1—e1	6. b7—b5
7. La4—b3	7. d7—d6
8. c2—c3	8. 0—0
9. h2—h3	9. Lc8—b7

Über andere Züge siehe „Lehrbuch", S. 118.*

10. d2—d4	10. e5×d4
11. c3×d4	11. d6—d5

Der Tausch der Mittelbauern mit dem nachfolgenden Vorstoß des d-Bauern, der die Lage im Zentrum klären soll, rührt von dem sowjetischen Großmeister Flohr her. Das Verfahren scheint zum Ausgleich nicht ganz zu genügen.

12. e4—e5	12. Sf6—e4
13. Sb1—c3	13. Sc6—a5
14. Lb3—c2	14. f7—f5

Fehlerhaft wäre 14. Le7—b4 15. Sc3×e4!, Lb4×e1 16. Se4—f6+!

15. e5×f6 e. p.	15. Le7×f6

Mit dem Bauernopfer hofft Schwarz den Druck abzuschütteln, ein ausreichendes Gegenspiel einzuleiten und das Spiel zu vereinfachen.

16. Sc3×e4	16. d5×e4
17. Lc2×e4	17. Lb7×e4

* „Lehrbuch": Jean Dufresne / Jacques Mieses, Lehrbuch des Schachspiels. Neu durchgesehen und verbessert von Rudolf Teschner. UB Nr. 1407-15/15a. Philipp Reclam jun. Stuttgart.

18. Te1×e4 18. c7—c5

Die kritische Stellung, die seit dem Clare-Benedict-Turnier in Lenzerheide (Schweiz) untersucht worden ist. Tal findet die einzig aussichtsreiche Fortsetzung.

19. Te4—g4! 19. c5×d4
20. Lc1—g5 20. d4—d3
21. Lg5×f6 21. Dd8×f6
22. Dd1×d3 22. Df6×b2

Schwarz hat den Bauern wieder, aber die weißen Figuren stehen aggressiver.

23. Dd3—d5+ 23. Kg8—h8
24. Ta1—e1

Nachträglich stellte sich heraus, daß die gleiche Stellung schon in der Partie Bivschev — Lilienthal, Kiev 1954, ebenfalls von Weiß gewonnen, vorgekommen ist. In der Spanischen Partie gehen die theoretischen Analysen in vielen Varianten bis weit in das Mittelspiel hinein.

24. Ta8—d8

Weiß

Müßte nun die weiße Dame weichen, könnte Schwarz aufatmen. Tal gelingt es, die günstige Damenstellung aufrechtzuerhalten.

25. Tg4—f4!

Eine interessante Position. Spielt Schwarz 25. Db2—c3, so geschähe sehr pikant 26. Dd5—d6!, Tf8—g8 27. Sf3—g5!!, Dd2×e1+ 28. Kg1—h2, De1—e8 29. Dd6×d8!, und Weiß gewönne.

	25. Db2—b4
26. Tf4×f8+	26. Td8×f8

Auf 26. Db4×f8 wäre 27. Dd5—e6 mit Angriff gegen a6 und mit der Drohung Sf3—g5 stark.

27. Te1—e6!

Auch jetzt ist Weiß klar im Vorteil. Der Ba6 ist nicht zu halten.

	27. Db4—f4
28. Te6×a6	28. Df4—c1+
29. Kg1—h2	29. Dc1—f4+
30. g2—g3	30. Df4—c4
31. Dd5—d2	31. Sa5—b7

Der Springer stünde auf c6 ein wenig wirkungsvoller.

32. Ta6—a7	32. Sb7—c5
33. Sf3—e5	33. Dc4—f1
34. Ta7—f7	34. Sc5—e6
35. Tf7×f8+	35. Se6×f8
36. Dd2—f4	36. Sf8—e6

Dr. Lehmann leistet noch Widerstand. Sein Gegner aber schüttelt wie ein Zauberkünstler immer neue Kunststücke aus dem Ärmel. „Tal faszinierte!" schrieb Dr. Tröger in der „Welt" anläßlich seiner Leistungen beim Länderkampf.

37. Df4—f7	37. h7—h6
38. Se5—g6+	38. Kh8—h7 (s. Diagr.)

Scheinbar reicht nun 39. Sg6—e7 wegen der netten „Ausrede" 39. Df1×h3+ 40. Kh2×h3, Se6—g5+ und 41. Sg5×f7 nicht aus.

39. Sg6—e7!

Also doch! Dr. Lehmann gab auf, weil er sah, daß nach 39. Df1×h3+ 40. Kh2—g1! das auf g8 drohende Matt nur durch h6—h5 zu decken ist und dann der Zug 41. Se7—f5! die Deckungslinie der Dh3 zum Se6 abschneidet. Anders ist

Weiß

(Nach dem 38. Zug)

der Springer jedoch nicht zu verteidigen, und fliehen darf er wegen der neuen Drohung gegen den Punkt g7 nicht. Eine Partie voller dramatischer Höhepunkte.

5. PARTIE

Schacholympia, Leipzig 1960

Spanisch

Weiß — *Unzicker* (Bundesrep. Deutschland)	Schwarz — *O'Kelly* (Belgien)
1. e2—e4	1. e7—e5
2. Sg1—f3	2. Sb8—c6
3. Lf1—b5	3. Lf8—c5

Eine von O'Kelly bevorzugte Verteidigung.

4. c2—c3	4. Sg8—f6
5. d2—d4	5. Lc5—b6
6. 0—0	6. 0—0
7. Tf1—e1	

Keinen Vorteil ergibt 7. Lb5×c6, d7×c6! (Siehe „Lehrbuch", S. 124.)

	7. d7—d6

Nach Keres ist 7. e5×d4 wegen 8. e4—e5 weniger ratsam, z.B. 8. Sf6—e8 9. Lc1—g5.

8. Lc1—g5	8. h7—h6
9. Lg5—h4	9. Lc8—g4

Schwarz findet sich mit einer demolierten Bauernstellung ab. Vielleicht führe er mit 9. Dd8—e7 etwas besser.

10. a2—a4	10. a7—a5
11. Lb5×c6!	11. b7×c6
12. d4×e5	12. Lg4×f3
13. Dd1×f3	13. d6×e5
14. Sb1—a3	14. Dd8—d6
15. Sa3—c4	15. Dd6—e6
16. Lh4×f6	16. De6×f6

16. De6×c4? 17. Df3—g3 kostet mindestens einen Bauern.

17. Df3×f6	17. g7×f6

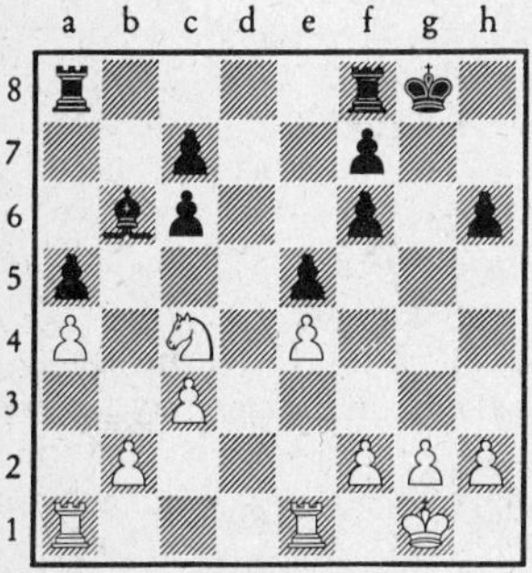

Weiß

Der Münchener Großmeister Wolfgang Unzicker, seit anderthalb Jahrzehnten Vorkämpfer der Bundesrepublik, ist aus der Eröffnung mit deutlichen Stellungsvorteilen hervorgegangen: gesunde Bauernstellung, unvertreibbarer Springer gegenüber zerrütteten feindlichen Bauern und schwer

…tbarem Läufer. Der weitere Partieverlauf ist ein Bei-
…, wie man sich in solcher Lage zu verhalten hat.

18. Te1—d1 — 18. Tf8—d8

Keiner der beiden darf die offene Linie dem Gegner überlassen.

19. Kg1—f1

Im Endspiel wird der König zur „starken Figur“. Vor allem soll er zunächst Einbruchspunkte bewachen.

19. Kg8—f8

20. Kf1—e2 — 20. Kf8—e7

21. Td1×d8 — 21. Ta8×d8

22. Ta1—d1!

Wie Unzicker ausführt, darf Schwarz das letzte Turmpaar nicht tauschen. Weiß könnte sich dann jederzeit einen Freibauern auf der a-Linie verschaffen, indem er b2—b4 spielt. Sein Springer nähme eine ideale Position auf dem Felde f5 ein, das er über d2, f1 und g3 jederzeit erreichen wird. In Betracht zu ziehen war auch 22. g2—g4, doch wird dann der schwarze Turm nach 22. Td8—g8 23. h2—h3, h6—h5 24. Ta1—g1, h5×g4 25. Tg1×g4, Tg8—h8 lebendig.

22. Td8—g8

23. g2—g3 — 23. Ke7—e6

24. h2—h3 — 24. h6—h5

25. Td1—d3

Mit dem Manöver 26. Td3—f3, sodann h3—h4 und Tf3—f5 soll Schwarz vollständig in die Defensive gezwungen werden.

25. f6—f5

26. e4×f5+ — 26. Ke6×f5

27. Td3—d7

Dabei übersieht der Weiße eine kleine Finesse, die dem Gegner zu einem tätigen Turm verhilft. Der Sieg wäre leichter gefallen, wenn er vorher auf b6 getauscht hätte.

27. Kf5—e6

28. Sc4×b6 — 28. Tg8—b8!

29. Td7×c7 — 29. Tb8×b6

Auf Kosten eines Bauern hat Schwarz eine Abwicklung gefunden, die in den folgenden Zügen zu einer Auflösung des ganzen Damenflügels führt.

30. b2—b4	30. a5×b4
31. c3×b4	31. f7—f5
32. a4—a5	32. Tb6×b4
33. Tc7×c6+	33. Ke6—d5
34. Tc6—h6	34. Kd5—e4
35. Th6×h5	35. Tb4—b2+
36. Ke2—f1!	

Unzicker hat genau berechnet, daß 36. f5—f4 37. g3×f4, Ke4—f3 an 38. Th5×e5!, Tb2—b1+ 39. Te5—e1 scheitert. Man sieht aber, wie gefährlich ein aktiver König sein kann.

	36. Tb2—a2
37. Kf1—g2	37. Ta2×a5

Weiß

Turmendspiele mit 3 Bauern gegen 2 auf einem Flügel sind häufig remis. Eine feste Regel läßt sich jedoch kaum aufstellen. Entscheidend ist immer, wer schneller kommt.

38. g3—g4	38. f5×g4

O'Kelly will es nicht zu einem Kampf von zwei verbundenen Freibauern gegeneinander kommen lassen. Tatsächlich sehen nach der fast zwangsläufigen Zugfolge 38. f5—f4! 39.

Th5—f5, Ta5—a3 40. Tf5—f6, Ta3—b3 41. g4—g5, f4—f3+ 42. Kg2—g3, Tb3—b1 43. h3—h4, Tb1—g1+ 44. Kg3—h3, Tg1—g2 45. g5—g6, Tg2×f2 46. h4—h5 die weißen Bauern beweglicher aus. Schwarz hätte das versuchen sollen.

39. h3×g4

Vielleicht hat O'Kelly übersehen, daß jetzt 39. Ke4—f4 wegen 40. Kg2—h3 nebst Th5—f5+ zwecklos wäre. Darum erhält der g-Bauer schnell entscheidende Bedeutung, zumal der schwarze König abgeschnitten werden kann.

	39. Ta5—a4
40. f2—f3+	40. Ke4—d5
41. Kg2—g3	41. Kd5—e6
42. Th5—f5!	

Schwarz kann nun nicht verhindern, daß der König sich in Richtung auf das Umwandlungsfeld g8 in Bewegung setzt.

	42. Ta4—a8
43. Kg3—h4!	43. Ta8—a4

An dieser Stelle wurde die Partie abgebrochen und später von O'Kelly, ohne weiterzuspielen, aufgegeben. Er hatte auf 43. Ta8—h8+ wegen 44. Kh4—g5, Th8—g8+ 45. Kg5—h6, e5—e4 wegen 46. Kh6—h7!, e4—e3 47. Kh7×g8, e3—e2 48. Tf5—f4!, e2—e1D 49. Tf4—e4+ verzichtet. Auf den Partiezug 43. Ta8—a4 wollte Unzicker 44. Kh4—h5, Ta4—a8 45. Kh5—g6, Ta8—g8+ 46. Kg6—h7, Tg8—a8 47. Kh7—g7, Ta8—a7+ 48. Kg7—g6 fortsetzen. Gegen 49. Tf5—f6+ und Kg6—f5 gäbe es dann keine Verteidigung mehr. Instruktive Endspielwendungen!

6. PARTIE

Zonenturnier, Marienbad 1961

Spanisch

Weiß — *Dr. Barendregt*	Schwarz — *Sliwa*
1. e2—e4	1. e7—e5
2. Sg1—f3	2. Sb8—c6

3. Lf1—b5 3. a7—a6
4. Lb5×c6

Die Abtauschvariante sieht man heute selten. Der Führer der weißen Steine hat mit ihr — in Verbindung mit der kurzen Rochade — eine Zeitlang gute Erfahrungen gemacht.

4. d7×c6

5. 0—0

Dies gilt wegen 5. Lc8—g4 für fragwürdig, weil 6. h2—h3, h7—h5 7. h3×g4?, h5×g4 offenbar für Schwarz günstig wäre. Barendregt wendete das Bauernopfer 7. d2—d4, Lg4 ×f3 8. Dd1×f3, Dd8×d4 9. Tf1—d1 ein, das sich jedoch in einer Partie Liebert — Ciocaltea, Bad Liebenstein 1963, nicht bewährte (9. ..., Dd4—c4! 10. Lc1—e3, Dc4—e6). Siehe aber die 10. Partie.

5. f7—f6 (?)

6. d2—d4 6. e5×d4
7. Sf3×d4 7. c6—c5

Die Freigabe des Feldes d5 ist bedenklich.

8. Sd4—b3 8. Dd8×d1
9. Tf1×d1 9. Lc8—d7
10. Lc1—f4 10. 0—0—0
11. Sb1—c3 11. Td8—e8

Er mußte sich zu sofortigem Ld7—c6 verstehen. Die Idee, den erwarteten Ansturm gegen c7 durch einen Gegenangriff auf e4 abzuwehren, geht infolge einer Mattpointe ins Auge.

12. Sc3—d5 12. Ld7—c6 (s. Diagr.)
13. Sd5×c7!!

Diesen Springer hat Schwarz, wie sich gleich zeigt, gewaltig unterschätzt.

13. Te8×e4

14. f2—f3!

Eine witzige Deckung des Läufers. Nach 14. Te4×f4? 15. Sc7—e6! würde nicht nur matt auf d8 drohen, sondern außerdem auch der Tf4 und der Lf8 angegriffen sein.

14. Te4—e2

15. Sc7—a8!

Weiß

(Nach dem 12. Zug)

Nun sieht man, daß der Springer keineswegs auf Abwege geraten ist, wie Schwarz geglaubt haben mag. Er droht matt auf b6.

	15. b7—b5
16. Sa8—b6+	16. Kc8—b7
17. Sb6—d7	17. Lc6×d7

Nicht zu umgehen, weil Lf8 und Bc5 angegriffen sind. Die sträfliche Vernachlässigung der Entwicklung führt nun zum baldigen Matt.

18. Td1×d7+	18. Kb7—c6
19. Td7—c7+	19. Kc6—b6
20. Tc7—c8	20. Sg8—h6
21. Tc8—b8+	

Schwarz gab auf, denn im Falle von 21. Kb6—c6 22. Ta1—d1 drohte 23. Sb3—a5 matt, und 21. Kb6—a7 22. Sb3—a5, Te2—e6 23. Ta1—d1 bedeutete ebenfalls das sofortige Ende. Ein Beispiel für den Mattangriff ohne Damen, der bei rückständiger Kräfteentfaltung einer Seite bemerkenswert schnell kulminiert.

7. PARTIE

Jubiläumsturnier, Bled 1961

Spanisch

Weiß — *Fischer*	Schwarz — *Geller*
1. e2—e4	1. e7—e5
2. Sg1—f3	2. Sb8—c6
3. Lf1—b5	3. a7—a6
4. Lb5—a4	4. d7—d6
5. 0—0	5. Lc8—g4

Das wurde früher als sehr stark angesehen, weil man glaubte, daß 6. h2—h3, h7—h5 für Schwarz günstig sei. Man hat aber herausgefunden, daß 7. d2—d4! für Weiß vorteilhaft ist und analysiert: 7. b7—b5 8. La4—b3, Sc6×d4 9. h3×g4, h5×g4 10. Sf3—g5! (nach Suetin); oder 7. Dd8—f6 8. d4×e5!, d6×e5 9. La4×c6+, b7×c6 10. Sb1—d2, g7—g5 11. Sd2—c4, Lg4—e6 12. Lc1×g5, Df6—g7 13. Dd1—d3 (Unzicker — Ciocaltea, Warna 1962).

6. h2—h3	6. Lg4—h5
7. c2—c3	7. Dd8—f6

Überscharf gespielt. Schwarz mußte ruhig 7. Sg8—f6 8. d2—d4, Sf6—d7 fortsetzen.

8. g2—g4!	8. Lh5—g6
9. d2—d4	

Droht 10. d4—d5, b7—b5 11. Lc1—g5, und die Dame wäre verloren.

	9. Lg6×e4
10. Sb1—d2	10. Le4—g6

Ob 10. Le4×f3 11. Sd2×f3, e5—e4 12. Tf1—e1, d6—d5 besser war, ist angesichts von 13. Sf3—e5, b7—b5 14. La4—b3 sehr zweifelhaft.

11. La4×c6+!

Das Rezept lautet: günstige Bauernstellung und bessere Entwicklung für Weiß.

	11. b7×c6
12. d4×e5	12. d6×e5

13. Sf3×e5 13. Lf8—d6
14. Se5×g6 14. Df6×g6

Geller hofft noch auf h7—h5. Auf 14. h7×g6 hat er wegen 15. Tf1—e1+, Sg8—e7 16. Sd2—e4, Df6—h4 17. Se4×d6+, c7×d6 18. Dd1×d6 verzichtet. Auch einfach 15. Kg1—g2 ist gut.

15. Tf1—e1+ 15. Ke8—f8
16. Sd2—c4 16. h7—h5
17. Sc4×d6 17. c7×d6

Das Endspiel nach 17. Dg6×d6 18. Dd1×d6, c7×d6 19. Lc1—f4, Ta8—d8 20. Ta1—d1, d6—d5 21. Lf4—c7, Td8—d7 22. Lc7—b6, Sg8—h6 23. f2—f3 bietet wenig Verlockendes.

18. Lc1—f4 18. d6—d5
19. Dd1—b3!

Der weiße Angriff kommt eher.

Weiß

19. h5×g4

Hier half auch 19. Sg8—f6 20. Db3—b7, Ta8—e8 21. Te1×e8+, Sf6×e8 22. Ta1—e1 nicht mehr.

20. Db3—b7!

Noch zwingender als 20. Db3—b4+, Sg8—e7 21. Db4×e7+.

20. g4×h3+

21. Lf4—g3	21. Ta8—d8
22. Db7—b4+!	

Jetzt erobert dieser Zug außer dem Springer auch noch den Turm. Schwarz gab auf.

8. PARTIE

Schacholympia, Tel Aviv 1964

Spanisch

Weiß — *Unzicker* (Bundesrep. Deutschland)	Schwarz — *Padevsky* (Bulgarien)
1. e2—e4	1. e7—e5
2. Sg1—f3	2. Sb8—c6
3. Lf1—b5	3. a7—a6
4. Lb5—a4	4. Sg8—f6
5. 0—0	5. Lf8—e7
6. Tf1—e1	6. b7—b5
7. La4—b3	7. 0—0
8. c2—c3	

Von allen Eröffnungsvarianten ist diese die meistgespielte. Wer dem Marshallangriff (8. d7—d5) ausweichen will, wird 8. a2—a4 ziehen.

8. d7—d6

Obwohl von einer endgültigen Klärung nicht gesprochen werden kann, ist der Gambitzug d7—d5 in letzter Zeit als durchaus spielbar erachtet worden.

9. h2—h3	9. Sc6—b8

Ein merkwürdig anmutender Rückzug, der von russischen Analytikern stammt: Der Springer soll den Punkt e5 von d7 aus decken, der Lc8 geht nach b7 und hat dort freie Bahn, und der c-Bauer kann gegebenenfalls in den Kampf um das Zentrum eingreifen.

10. d2—d3	10. Lc8—b7
11. Sb1—d2	11. Sb8—d7
12. Sd2—f1	12. Tf8—e8

13. Sf1—g3	13. Sd7—c5
14. Lb3—c2	14. g7—g6
15. Lc1—h6	15. Le7—f8
16. Lh6×f8	16. Kg8×f8
17. Dd1—d2	17. Kf8—g7
18. d3—d4!	

Tauscht Schwarz jetzt auf d4, nimmt die weiße Dame zurück. Weiß hat dann zwar Raumvorteil; es ist aber nicht einfach, daraus Kapital zu schlagen.

	18. Sc5—d7
19. Ta1—d1	19. h7—h6
20. Sf3—h2	20. Dd8—e7
21. f2—f4	21. c7—c5
22. Sh2—f3	

Das schwarze Zentrum steht stark unter Druck. Für den Verteidiger ist eine solche spannunggeladene Lage in der Mitte unangenehm, denn er muß ständig mit allen möglichen Reaktionen des Angreifers rechnen.

	22. c5×d4
23. c3×d4	23. Ta8—c8
24. Lc2—b3	24. Tc8—c7
25. Kg1—h1	25. Kg7—h7
26. Te1—e2	26. e5×d4 (s. Diagr.)

Länger hat es Padevsky nicht ausgehalten. Das Nachgeben war nicht erzwungen. Vermutlich hat er die nachhaltige Wirkung des nächsten Zuges Unzickers nicht richtig eingeschätzt.

27. e4—e5!

Der Vorstoß des e-Bauern führt nicht nur zur Linienöffnung für die Türme, sondern auch zu einem Machtzuwachs des Läufers und — last not least — zu einer Lockerung der schwarzen Königsstellung.

	27. d6×e5
28. f4×e5	28. Sf6—g8
29. e5—e6!	29. f7×e6
30. Te2×e6	30. De7—d8
31. Dd2×d4	31. Lb7×f3

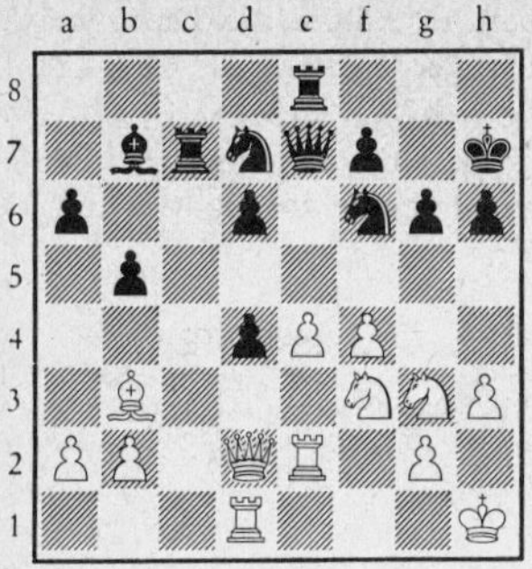

Weiß

(Nach dem 26. Zug)

32. g2×f3

Ganz sicher steht auch der weiße König nicht mehr. Unzicker hat aber richtig eingeschätzt, daß seine Übermacht im Zentrum jede Gefahr ausschaltet.

32. Sg8—f6

33. Te6—d6

Droht unter anderem 34. Lb3—e6. Schwarz sieht sich zur Aufgabe von zwei Springern für einen Turm veranlaßt, um sich überhaupt noch bewegen zu können.

33. Dd8—b8

34. Td6×f6 34. Sd7×f6

35. Dd4×f6 35. Db8—c8

36. Df6—f4! 36. Dc8×h3+

Diesen Scheinerfolg gönnt der Weiße seinem Gegner.

37. Kh1—g1 37. Tc7—d7

38. Td1×d7+ 38. Dh3×d7

39. Sg3—e4!

Ein brettbeherrschender Springer, der einen Turm wert ist.

39. Dd7—d4+

40. Kg1—h1 40. Te8—d8

41. Se4—f6+

Schwarz gab auf. Er müßte die Dame hergeben, wenn er nicht mattgesetzt werden will: 41. Kh7—g7 42. Sf6—e8+!, Td8×e8 (42. Kg7—h7 43. Df4—f7+, Kh7—h8 44. Df7—g8 matt) 43. Df4×d4. Unzicker, einer der besten Kenner der Spanischen Partie, hat eine vorzügliche Leistung geboten.

9. PARTIE

Schacholympia, Tel Aviv 1964

Spanisch

Weiß — *L. Schmid* (Bundesrep. Deutschland)	Schwarz — *Keres* (UdSSR)
1. e2—e4	1. e7—e5
2. Sg1—f3	2. Sb8—c6
3. Lf1—b5	3. a7—a6
4. Lb5—a4	4. Sg8—f6
5. 0—0	5. Lf8—e7
6. Tf1—e1	6. b7—b5
7. La4—b3	7. 0—0
8. c2—c3	8. d7—d6
9. h2—h3	9. Sf6—d7

Eine selten gespielte Variante. Häufiger kommt der Springerzug nach Einschaltung von 9. Sc6—a5 10. Lb3—c2, c7—c5 11. d2—d4 vor, wo ihn Keres eingeführt hat.

10. a2—a4!

Ein starker Zug, der den Damenflügel bedroht.

10. b5—b4

Keres gibt einen Bauern für Entwicklungsvorsprung. Für 10. Ta8—b8 konnte sich der Nachziehende anscheinend wegen 11. d2—d4, Le7—f6 12. a4×b5, a6×b5 13. d4—d5 nicht entschließen.

11. Lb3—d5	11. Lc8—b7
12. c3×b4	12. Ta8—b8
13. b4—b5	13. a6×b5
14. a4×b5	14. Sc6—b4

15. Ld5×b7 15. Tb8×b7

16. Sb1—c3

Der gewonnene Bauer spielt nun doch eine Rolle, obwohl es nur ein Doppelbauer ist. Der Bamberger Großmeister versteht es jedenfalls, die Ausgleichsbestrebungen des sowjetischen Weltklassespielers zunichte zu machen.

16. Le7—f6

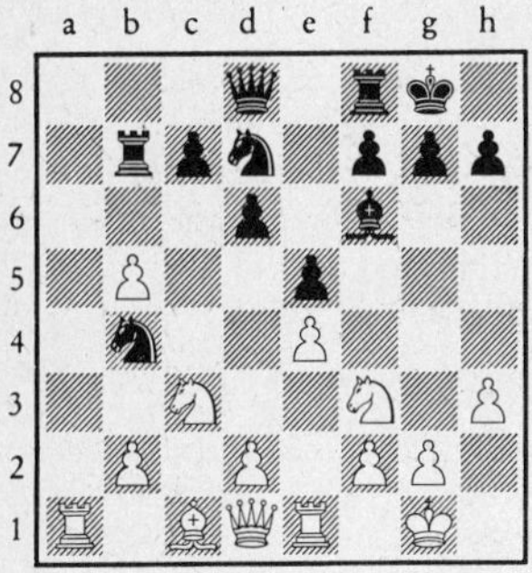

Weiß

17. b2—b3!

Ein wohldurchdachter Zug, der ein eventuelles Eingreifen des Damenläufers auf a3 ermöglicht. Schwarz muß sich mit der Drohung 18. Te1—e3 nebst Lc1—a3 beschäftigen. 17. d2—d3 wäre wegen Sd7—c5 längst nicht so gut, und 17. d2—d4 verbot sich wegen e5×d4 18. Sf3×d4?, Lf6×d4 19. Dd1×d4, Sb4—c2.

17. Sb4—d3

18. Te1—e3 18. Sd3—f4

19. d2—d4

Verhilft zwar dem Lf6 zur Tätigkeit, aber auch Weiß erhält Linien.

19. e5×d4

20. Sf3×d4 20. Sd7—c5

21. Sd4—c6!

Erst nach intensiver Denkarbeit offenbart sich die Kraft dieses Zuges.

21. Dd8—e8

22. e4—e5!

Dabei mußte vor allem mit 22. Tb7×b5 23. e5×f6, De8 ×c6 mit Mattdrohung auf g2(!) gerechnet werden. Schmid erkannte jedoch, daß 22. Tb7×b5 wegen 23. Sc6—d4! ausscheidet.

Auch 22. Lf6×e5 23. Sc6×e5, d6×e5 24. Lc1—a3 war eine Variante, deren Untauglichkeit erkannt (24. De8—a8! 25. La3×c5, Tb7—a7!! wiederum mit Mattdrohung auf g2) und deren richtige Behandlung, nämlich sofort 23. Lc1—a3, gefunden werden mußte (z. B. 23. Le5×c3 24. Te1×e8, Tf8 ×e8 25. La3×c5!, Lc3×a1 26. Lc5—e3!).

22. d6×e5

23. Lc1—a3 23. Tb7×b5

Ohne dieses Qualitätsopfer könnte Schwarz sich nicht befreien.

24. Sc3×b5 24. De8×c6

25. Dd1—f1

Es gibt für Weiß nur eine schmale Straße, um aller Drohungen ohne materielle Einbuße Herr zu werden. Jetzt ging es darum, b5 und g2 gleichzeitig zu decken.

25. Tf8—b8 (s. Diagr.)

26. Te3—c3!

Eine elegante Parade.

26. Tb8×b5

27. Tc3×c5 27. Tb5×c5

28. La3×c5 28. h7—h6

Die Dame darf die Bewachung des Feldes a8 nicht aufgeben. Auf diese Weise ist es Schmid gelungen, das allerdings minimale Übergewicht der Qualität für einen Bauern festzuhalten und gleichzeitig das Spiel zu vereinfachen. Die schwierige technische Aufgabe, seinen Vorteil zu verwerten, steht noch bevor.

Weiß

(Nach dem 25. Zug)

29. Lc5—e3	29. Sf4—e6
30. b3—b4	30. Lf6—g5
31. Df1—d3	31. Lg5×e3
32. f2×e3!	

Könnte der Springer sich auf d4 festsetzen, hätte der Nachziehende nichts mehr zu fürchten. Das Vorhandensein der Damen muß als Plus für Weiß angesehen werden. Bis zum ersten Abbruch der Partie (im 41. Zuge) litten beide Partner unter Zeitmangel.

	32. e5—e4
33. Dd3—b3	33. h6—h5
34. b4—b5	34. Dc6—c5
35. Ta1—a4	35. Dc5—e5
36. Db3—c4	36. g7—g6
37. Dc4—c6	37. Se6—g5
38. Kg1—f1	38. h5—h4
39. Ta4—b4	39. Kg8—g7
40. Tb4—c4	40. De5—f5+
41. Kf1—g1	

In der Analyse der Abbruchstellung stellte sich heraus, daß der Versuch des Schwarzen, mit einem Springeropfer auf f3 oder h3 zum „ewigen Schach" zu kommen (nach etwa 41. Df5—e5 42. Dc6—c5, De5—g3), wegen 43. Kg1—f1 nicht zu fürchten war.

	41. Df5—e5
42. Dc6—c5	42. De5—a1+

Also versucht Keres etwas anderes.

43. Tc4—c1	43. Sg5—e6!

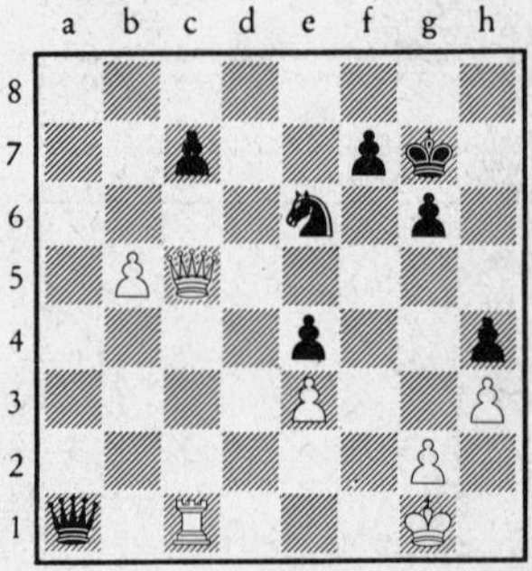

Weiß

Keres leistet bestmöglichen Widerstand. Damentausch käme ihm nämlich sehr gelegen.

44. Dc5—c4	44. Da1—e5
45. Tc1—d1	45. Kg7—g8
46. Td1—d5	46. De5—a1+
47. Kg1—f2	

Der König muß sich selbst helfen!

	47. Da1—b2+
48. Kf2—f1	48. Db2—a1+
49. Kf1—e2	49. Da1—b2+
50. Td5—d2	50. Db2—b1
51. Ke2—f2	51. Kg8—f8
52. Td2—c2	52. Kf8—g8

Eine harte Gedulds- und Nervenprobe für beide Spieler!

53. Tc2—a2 53. Kg8—h7
54. Ta2—d2 54. Kh7—g8
55. Td2—c2 55. Kg8—g7
56. Dc4—c3+ 56. Kg7—g8
57. Dc3—c4 57. Kg8—g7
58. Dc4×e4

Um weiterzukommen, beschließt Schmid, den Bb5 herzugeben und dafür den Be4 zu nehmen. Wahrscheinlich dachte er hier schon an den späteren Spaziergang des Königs. Schwarz kommt ja nicht darum herum, zur Sicherung des Bh4 g6—g5 zu ziehen und den Weg nach h5 zu öffnen.

58. Db1×b5
59. Tc2—c4 59. g6—g5
60. Tc4—c2 60. Db5—a5
61. Kf2—e2 61. Da5—a1
62. Tc2—d2 62. c7—c5

Nachträglich kritisierte Keres selbst diesen Zug, der die 7. Reihe entblößt. In der „Deutschen Schachzeitung" äußerte der Berliner Meister Bialas, der zur Mannschaft in Tel Aviv gehörte, die Ansicht, „daß Weiß immer schwächende Bauernzüge erzwingen kann und auf die Dauer gewinnt".

63. Td2—d7 63. Da1—f6
64. Td7—d5 64. Df6—b2+
65. Ke2—f3 65. Db2—b5
66. Kf3—g4 66. Db5—e2+
67. De4—f3!

In diesem Augenblick darf Schwarz nicht tauschen, weil Weiß mit dem g-Bauern wiedernähme und mit diesem Bauern bis f5 vorrücken könnte. Dann müßte der Springer e6 weichen und die Bauern im Stich lassen.

67. De2—b2
68. Td5—f5 68. f7—f6

Schwarz muß seine Stellung weiter lockern. Jetzt kann er nur noch auf ein Wunder hoffen.

69. Kg4—h5! 69. Kg7—f7
70. Kh5—h6!

An der Spitze seines Heeres begehrt der König Einlaß.

70. Kf7—e7

71. Kh6—g6 71. Se6—f8+

72. Kg6—h6 72. Sf8—e6

73. Df3—a8

Nun wurde die Partie zum zweitenmal abgebrochen. Inzwischen ist es Weiß gelungen, seine Geschütze auf die günstigsten Positionen zu bringen. Der letzte Akt des Dramas beginnt.

73. g5—g4

Verzweiflung. Auf 73. Db2—b6, um die 7. Reihe zu schützen, käme der Umgehungsangriff 74. Da8—h8.

74. Tf5—d5

Droht 75. Da8—a7+, Ke7—f8 76. Td5—d7 nebst eventuell Da7—a8+.

74. f6—f5

Er ist gefährlich bis zum Ende. Wenn 75. Td5×f5?, so Db2—g7+ 76. Kh6—h5, Dg7—h7+ 77. Kh5×g4, Dh7—g6+.

75. Da8—a7+ 75. Ke7—f6

Weiß

76. Da7—h7

Hier konnte Schmid ein Dutzend Züge sparen. 76. Td5

×f5+!, Kf6×f5 77. Da7—h7+ zwänge den König wieder auf die dunkelfarbige Diagonale, so daß 78. Dh7—h8+ die Dame erobert hätte.

	76. Db2—f2
77. Dh7—g6+	77. Kf6—e7
78. Tf5—e5	78. Df2—a2
79. Dg6×f5	

Das übrige ist natürlich schon ganz leicht.

	79. g4×h3
80. g2×h3	80. Ke7—d6
81. Df5—f6	81. Da2—b3
82. Kh6—h5	82. Kd6—d7
83. Kh5×h4	83. Db3—b4+
84. Kh4—h5	84. Db4—b3
85. Kh5—h6	85. Db3—c4
86. e3—e4	86. Se6—c7
87. Te5—e7+	87. Kd7—c8
88. Df6—d6	

Schwarz gab auf. Ein gigantischer Kampf, eine der aufsehenerregendsten Partien von Tel Aviv.

10. PARTIE

Europa-Mannschaftsmeisterschaft, Hamburg 1965

Spanisch

Weiß — *Prof. Dr. Barendregt* (Niederlande)	Schwarz — *Teschner* (Bundesrep. Deutschland)
1. e2—e4	1. e7—e5
2. Sg1—f3	2. Sb8—c6
3. Lf1—b5	3. a7—a6
4. Lb5×c6	4. d7×c6
5. 0—0	

Entgegen der Theorie, die 5. Sb1—c3 oder 5. d2—d4 für richtig hält, plädiert der Führer der weißen Steine seit Jahren für die sofortige Rochade.

5. Lc8—g4

6. h2—h3 6. h7—h5

Der Lg4 ist wegen der sich öffnenden h-Linie nicht gut zu nehmen. Prof. Barendregt meint aber, daß der Läufer sich früher oder später doch erklären und der Vorstoß des h-Bauern sich als Schwäche entpuppen müsse. Dem Schwarzen gelingt es in dieser Partie hingegen, eine Gegenthese aufzustellen. (Siehe auch die 7. Partie.)

7. d2—d3 7. Dd8—f6

8. Sb1—d2

Auch hier wäre 8. h3×g4, h5×g4 9. Sf3—g5, Df6—h6 10. Sg5—h3, Dh6—h4 11. Lc1—g5, Dh4—h5 für Schwarz angenehm.

8. Sg8—e7

9. Tf1—e1

Macht Platz für den König. Muß der Läufer sich erklären?

9. Se7—g6

Mit der Idee 10. h3×g4?, h5×g4 11. Sf3—h2, Lf8—c5! und vielen Drohungen, unter anderen g4—g3.

10. d3—d4

Beugt dem zuletzt erwähnten Läuferzug vor. Wieder droht das Schlagen auf g4.

10. Lf8—d6! (s. Diagr.)

Für diesen Zug benötigte der Schwarze eine gute Stunde Bedenkzeit. Er wollte sich nicht zum Tausch auf f3 oder zum Rückzug bequemen (z. B. 10. Lg4—e6 11. Sd2—f1, und es droht 12. Lc1—g5).

11. h3×g4

Die Einschaltung 11. d4×e5, Ld6×e5! 12. h3×g4, h5×g4 13. Sf3×e5 widerlegt 13. Df6—h4 14. Kg1—f1 (bzw. 14. f2—f4, g4—g3), Sg6—f4.

11. h5×g4

12. Sf3—h2

Oder 12. d4×e5, Ld6×e5 und so fort wie in der letzten Bemerkung.

12. Th8×h2

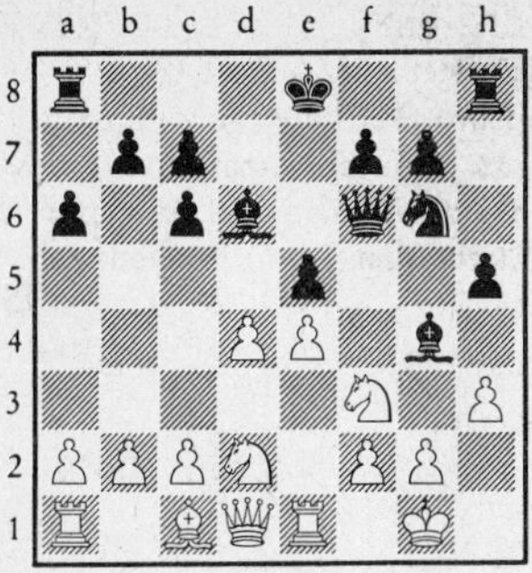

Weiß

(Nach dem 10. Zug)

Ginge dieser Zug nicht, behielte Weiß recht.

13. Kg1×h2? 13. Df6×f2

Diese Lage galt es in der Voraussicht richtig einzuschätzen. Die Hauptgefahr für Weiß besteht im Eingreifen des Damenturms nach Ke8—e7. Außerdem steht aber auch der Ld6 zum Eingreifen bereit. Der Mehrbesitz des Turms nützt dem Weißen nichts.

14. Te1—e2

Entscheidend ist, daß 14. Dd1—e2 wegen e5×d4+ 15. Kh2—h1, Df2—h4+ 16. Kh1—g1, Dh4—h2+, wie leicht ersichtlich, ins Verderben führt, ferner daß 14. Dd1×g4 wegen Df2×e1 ausscheidet.

14. e5×d4+

15. e4—e5

Nur so ist der gefährliche Läufer auszuschalten.

15. Ld6×e5+

16. Te1×e5+ 16. Sg6×e5

Mit vier Bauern für den Läufer ist Schwarz materiell schon im Vorteil, und außerdem ist die Hauptdrohung erhalten geblieben. Befreiungsversuche wie 17. Dd1—f1 oder 17. Sd2—e4 scheitern an 17. Se5—f3+! (18. Dd1×f3, Df2—h4+).

17. Kh2—h1 17. 0—0—0

Weiß gab auf, weil 18. Sd2—f1, Td8—h8+ 18. Sf1—h2, g4—g3 nutzlos bliebe. „Ich habe nicht nur die Partie, sondern auch die Variante verloren", trauerte Professor Barendregt nach der Partie. Zu Unrecht, wie er später herausfand. 13. Dd1×g4! gestaltete den Kampf keineswegs ungünstig für ihn.

B. Halboffene Spiele

11. PARTIE

Jubiläumsturnier, Bled 1961

Aljechin-Verteidigung

Weiß — *Matanović*	Schwarz — *Olafsson*
1. e2—e4	1. Sg8—f6
2. e4—e5	2. Sf6—d5
3. c2—c4	3. Sd5—b6
4. d2—d4	4. d7—d6
5. f2—f4	

Die „Jagdvariante", die nach neuen Erkenntnissen am besten mit 5. d6×e5 6. f4×e5, Sb8—c6 7. Lc1—e3, Lc8—f5 8. Sb1—c3, e7—e6 9. Lf1—e2, Sc6—b4! 10. Ta1—c1, c7—c5 11. Sg1—f3, Lf8—e7! 12. a2—a3!, c5×d4 13. Sf3×d4, Sb4—c6 14. Sd4×f5, e6×f5 beantwortet wird. Nach 15. 0—0, gefolgt von eventuellem Sc3—d5, hat Weiß allerdings auch dann noch ein wenig mehr vom Spiel. (Siehe dazu „Lehrbuch", S. 374.)

5. Lc8—f5

Ein Zug von Dr. Trifunović-Schwarz vermeidet den Tausch auf e5. Zugleich stellt der Zug die Falle 6. Lf1—d3?, Lf5×d3 7. Dd1×d3, d6×e5! 8. f4×e5, c7—c5! 9. d4—d5, e7—e6!, womit nicht nur e6×d5, sondern auch Dd8—h4+ nebst Dh4×c4 droht.

6. Sg1—f3	6. e7—e6
7. e5×d6	7. c7×d6
8. Sb1—c3	8. Lf8—e7
9. Lf1—d3	9. Lf5—g4
10. 0—0	10. Sb8—c6
11. Lc1—e3	11. Le7—f6
12. Ld3—e2	12. 0—0
13. b2—b3!	

Eine Vorbeugungsmaßnahme gegen d6—d5, c4—c5 Sb6—c4!.

13. d6—d5

14. c4—c5 14. Lg4×f3

15. Le2×f3 15. Sb6—d7

Wegen des ungedeckten Sc3 droht nun Sd7×c5.

16. Ta1—c1! 16. Dd8—a5

Auf 16. Sd7×c5 wäre 17. Sc3×d5 nebst Tc1×c5 gekommen, nicht aber 17. d4×c5 d5—d4.

17. Dd1—d3. Wieder mußte Sc3 gedeckt werden.

17. b7—b6

18. Sc3—a4 18. b6×c5

19. Sa4×c5 19. Sc6—b4

Schwarz stürzt sich in ein ungewisses Abenteuer. Offenbar hatte Olafsson zu der ruhigen Fortsetzung 19. Sd7×c5 20. Tc1×c5, Da5—b6 21. Tf1—c1 wegen der weißen Bauernmehrheit am Damenflügel kein Zutrauen.

20. Dd3—d2 20. Sd7×c5

21. Tc1×c5 21. Da5—a3

Weiß

22. f4—f5!

Den Druck gegen a2 kann Weiß ignorieren. Er nützt die Abseitsstellung von Dame und Springer am besten aus, indem er sich unverzüglich gegen den Königsflügel wendet.

22. a7—a5

Er hätte sich zu 22. e6×f5 23. Lf3×d5, Sb4×d5 24. Tc5 ×d5, g7—g6 entschließen sollen, obgleich dann 25. g2—g4 einen Bauern kostet.

23. f5×e6 — 23. f7×e6
24. Lf3—g4 — 24. Ta8—e8
25. Tf1—f2 — 25. e6—e5

Ein Befreiungsversuch, der schließlich dem abgeschnittenen Heeresteil zugute kommen soll. 25. a5—a4? ginge wegen 26. Tc5—a5 nicht gut.

26. d4×e5 — 26. Te8×e5

Auf 26. Lf6×e5 setzt Weiß stark mit 27. Lg4—d7 fort.

27. Le3—f4

Weniger klar wäre 27. Le3—d4, Te5—e1+ 28. Dd2×e1, Lf6×d4 29. De1—e6+, Kg8—h8 30. De6—f7, Tf8—d8.

27. Te5—e4

Geht der Turm nach e8 zurück, käme sehr lästig 28. Lf4—d6, Tf8—f7 29. Tc5—c8.

28. Tc5×d5!

Der Turm ist unverletzlich; ob aber Matanović den unerwarteten Gegenschlag vorausgesehen hatte?

Weiß

28. Lf6—c3!?

Was nun? Bei 29. Dd2×c3, Sb4×d5 und bei 29. Dd2—d1, Te4—e1+ gewönne plötzlich Schwarz.

29. Td5—d8!!

Die bestechende Logik des Schachspiels! Die Übermacht des Weißen im Zentrum setzt sich auf reizvolle Art durch. Die Dame ist wegen der Mattkombination 30. Td8×f8+, Kg8 ×f8 31. Lf4—d6+, Kf8—e8 32. Tf2—f8 matt unverletzlich. Aber Olafsson hat noch einen weiteren Gedankenblitz.

29. Sb4—d3

Nun deckt die Da3 den Tf8. Ohne Erfolg wäre 29. Lc3—f6 30. Td8×f8+, Kg8×f8 31. Dd2—d8+!, Te4—e8 32. Lf4 —d6+, Kf8—f7 33. Lg4—h5+ geblieben.

30. Td8×f8+	30. Da3×f8
31. Dd2×d3	31. Te4—e1+

Nicht anders ist es bei 31. Te4×f4 32. Tf2×f4, Df8×f4 33. Lg4—e6+, Kg8—f8 34. Dd3—d8 matt.

32. Tf2—f1	32. Df8—c5+

Auch jetzt käme auf Df8×f4 33. Lg4—e6+.

33. Kg1—h1	33. Dc5—d4

Nur noch ein Schreckschuß.

34. Dd3×d4

Schwarz gab auf (34. Te1×f1+ 35. Dd4—g1). Eine der geistreichsten Partien des Jubiläumsturniers, in der beide Partner mit verblüffenden Einfällen aufwarteten.

12. PARTIE

Kandidatenwettkampf um die Weltmeisterschaft, 6. Partie
im Semifinale, Bled 1965

Aljechin-Verteidigung

Weiß — *Tal*	Schwarz — *Larsen*
1. e2—e4	1. Sg8—f6
2. e4—e5	2. Sf6—d5
3. d2—d4	3. d7—d6

4. Sg1—f3 4. d6×e5

Die Theorie betrachtete bisher diesen Zug, der den weißen Springer nach e5 befördert, als nicht ganz vollwertig.

5. Sf3×e5 5. e7—e6

In der 4. Partie hatte Larsen 5. Sb8—d7 6. Lf1—c4, e7—e6 7. Dd1—g4, h7—h5 8. Dg4—e2, Sd7×e5 9. d4×e5 gespielt und ganz gute Erfahrungen gemacht. Er probiert jetzt etwas anderes. Offenbar fürchtete er 6. Se5×f7, Ke8×f7 7. Dd1—h5+, Kf7—e6 8. c2—c4.

6. Dd1—f3

Droht den „Schäferzug" 7. Df3×f7 matt (manche sagen „Kindermatt").

6. Dd8—f6

7. Df3—g3 7. h7—h6

Gegen Lc1—g5 gerichtet.

8. Sb1—c3 8. Sd5—b4
9. Lf1—b5+ 9. c7—c6
10. Lb5—a4 10. Sb8—d7
11. 0—0 11. Sd7×e5
12. d4×e5 12. Df6—g6
13. Dg3—f3 13. Dg6—f5

Larsen steuert den Remishafen an und verfolgt den Gegner mit Damentauschofferten, denen Tal hartnäckig ausweicht.

14. Df3—e2 14. Lf8—e7
15. a2—a3 15. Sb4—d5 (s. Diagr.)

Scheinbar steht Schwarz fest und sicher. Der König braucht nur noch zu rochieren.

16. Sc3—b5!!

Ein verblüffender Zug — ein für Tals Stil typisches Springeropfer, das Unruhe ins Spiel bringt und den König in der Mitte festhält. Um die Annahme des Opfers kommt Schwarz kaum herum. Im Falle von 16. 0—0 17. Sb5—d4, Df5—g6 18. c2—c4, gefolgt von La4—c2, erhielte Weiß stürmischen Angriff.

16. c6×b5

17. De2×b5+ 17. Ke8—d8

Weiß

(Nach dem 15. Zug)

18. c2—c4	18. Df5×e5

Schwarz gibt, wie der sowjetische Meister Koblentz meint, die Figur zu früh zurück. Allerdings war seine Lage in jedem Falle wenig beneidenswert. Auf 18. Sd5—f4 beabsichtigte Tal 19. Tf1—d1+, Kd8—c7 20. Td1—d7+, Lc8×d7 21. Db5×d7+, Kc7—b8 22. Dd7×e7, Df5×e5 23. Lc1—e3 mit überlegenen Chancen, z. B. 23. Sf4—g6 24. De7×f7, De5—f6 25. La4—e8!, Df6—e7 (oder 25. Sg6—e5 26. Le3—f4!) 26. Df7×g6, Th8×e8 27. Le3—c5!, De7—d7 28. Lc5—d6+, Kb8—c8 29. c4—c5, eine erstaunliche, fast zwangsläufige Zugfolge. Auch nach 18. Sd5—b6 19. Db5—a5, Kd8—c7 20. c4—c5, Kc7—b8 21. c5×b6, a7×b6 22. Da5—b5, Ta8—a5 23. Db5—b3 stünde Weiß überlegen.

Bei genauem Studium der Lage wird klar, daß Larsen plötzlich vor ungeahnten Schwierigkeiten steht und etwas von seinem Mehrbesitz hergeben muß.

19. c4×d5	19. Le7—d6
20. g2—g3	20. De5×d5
21. Db5—e2	

Die miserable Königsstellung des Schwarzen ist mit einem Bauern billig erkauft.

	21. Kd8—e7
22. Tf1—d1	22. Dd5—a5
23. De2—g4!	23. Da5—f5
24. Dg4—c4	

Macht Schwarz jetzt den naheliegenden Zug 24. Th8—d8, so hat er nach 25. Lc1—e3! eigenartigerweise keine vernünftige Fortsetzung mehr, weil die Drohung 26. Td1×d6, Td8×d6 27. Le3—c5 nicht gut abzuwehren ist.

	24. Df5—c5
25. Dc4—d3	25. Dc5—d5

Vergebens versucht er, den Gegner durch Rückgabe des Bauern zu beschwichtigen.

26. Dd3—c3!

Das Ende zeichnet sich ab: 26. Dd5—e5? 27. Lc1—f4!, De5 ×c3 28. Lf4×d6+.

	26. Ld6—e5
27. Dc3—e1	27. Dd5—c5
28. Lc1—d2	

Es ist Schwarz nicht vergönnt, sich zu entwickeln. Nun muß er mit 29. Ld2—b4 rechnen.

	28. Ke7—f6
29. Ta1—c1	

Weiß hat zwei Türme und einen Läufer mehr im Spiel. Wer soll das aushalten?

	29. Dc5—b6
30. Ld2—e3	30. Db6—a6
31. De1—b4	31. b7—b5
32. La4×b5	32. Da6—b7
33. f2—f4	33. Le5—b8
34. Lb5—c6	

Eine tragikomische Schlußstellung. Schwarz gab auf.

13. PARTIE

Mar del Plata 1960

Caro-Kann-Verteidigung

Weiß — *Spaßky*	Schwarz — *Foguelman*
1. e2—e4	1. c7—c6
2. d2—d4	2. d7—d5
3. Sb1—c3	3. d5×e4
4. Sc3×e4	4. Lc8—f5
5. Se4—g3	5. Lf5—g6
6. h2—h4	6. h7—h6
7. Sg1—e2	

Im „Lehrbuch“, S. 358, ist 7. Sg1—f3 empfohlen. Der von Spaßky gewählte Zug ist in letzter Zeit beliebt geworden.

	7. Sg8—f6
8. Se2—f4	8. Lg6—h7
9. Lf1—c4	9. e7—e5
10. Dd1—e2!	

Ein mutiger Gedanke. Spaßky bringt ein Bauernopfer und tauscht dafür schnelle Entwicklung seiner Streitkräfte ein.

	10. Dd8×d4
11. 0—0	11. b7—b5

Gesünder war ruhige Weiterentwicklung, also 11. Sb8—d7 usw.

12. Lc4—b3	12. Lf8—c5
13. Lc1—e3	13. Dd4—d6
14. Ta1—d1	14. Dd6—e7
15. Le3×c5	15. De7×c5
16. Sf4—h5!	16. Sf6×h5
17. Sg3×h5	17. 0—0
18. De2—g4	18. g7—g6

Unvermeidliche Schwächung (Lh7—g6? 19. Dg4×g6). Weiß hat nun mehr als genügende Kompensation für den Bauern.

19. Td1—d3	19. a7—a5
20. Tf1—d1!	

Weiß

Eine weitberechnete Kombination. Falls Schwarz sich auf den Lb3 stürzt, gibt Weiß den Läufer und beide Türme preis und holt sich dafür den König: 20. a5—a4 21. Lb3×f7+!, Kg8×f7 (oder Tf8×f7 22. Td3—d8+, Tf7—f8 23. Dg4—e6+, Kg8—h8 24. De6—f6+) 22. Td3—d7+, Sb8×d7 23. Td1×d7+, Kf7—g8 24. Td7—g7+, Kg8—h8 25. Tg7×h7+!, Kh8×h7 26. Dg4—d7+, gefolgt von 27. Dd7—g7 matt.

20. Ta8—a7

Er hat also die Gefahr erkannt, vermag jedoch keinen ernsthaften Widerstand mehr zu leisten.

21. Td3—d6

Droht 22. Td6×g6+.

21. Kg8—h8

22. Sh5—f6 22. a5—a4

23. Sf6×h7 23. a4×b3

23. Kh8×h7 hätte wieder 24. Lb3×f7 zur Folge.

24. Sh7×f8 24. b3×c2

25. Sf8×g6+ 25. f7×g6

26. Td6—d8+

Der entblößte König ist gegen die Übermacht wehrlos.

26. Kh8—g7

27. Td8—g8+!

Die Zertrümmerung.

	27. Kg7×g8
28. Dg4×g6+	28. Ta7—g7
29. Td1—d8+	29. Dc5—f8
30. Td8×f8+	30. Kg8×f8
31. Dg6×c2	31. Kf8—g8
32. Dc2—c5	

Schwarz gab auf. Spaßkys Spiel ist von gnadenloser Schärfe.

14. PARTIE

Mar del Plata 1960

Caro-Kann-Verteidigung

Weiß — *Olafsson*	Schwarz — *Eliskases*
1. e2—e4	1. c7—c6
2. d2—d3	

Weiß geht den üblichen Abspielen aus dem Wege und spielt eine Art Königsindischen Angriff.

	2. d7—d5
3. Sb1—d2	3. Sb8—d7

In einer Partie Tal — Smyslov, Bled 1959, geschah 3. e7—e5 4. Sg1—f3, Sb8—d7 5. d3—d4, d5×e4 6. Sd2×e4, c5×d4 7. Dd1×d4, Sg8—f6 8. Lc1—g5, Lf8—e7, und Schwarz hatte ein ebenbürtiges Spiel.

4. Sg1—f3	4. Dd8—c7
5. g2—g3	5. d5×e4
6. d3×e4	6. e7—e5

Auf 6. b7—b6 käme 7. Sd2—c4.

7. Lf1—g2	7. Lf8—c5
8. 0—0	8. Sg8—e7
9. b2—b3	9. Se7—g6

Kein guter Platz für den Springer. Schwarz hätte ihn gleich nach f6 stellen sollen.

10. Lc1—b2	10. 0—0

11. a2—a3 11. a7—a5
12. Sf3—e1

Der Springer will nach d3 gehen und räumt das Feld f3 für seinen Kollegen.

12. b7—b6
13. Se1—d3 13. Lc8—a6

Bei 13. Lc5—e7 14. h2—h4 müßte Schwarz den h-Bauern bis h6 laufen lassen oder (das größere Übel) 14. h7—h6 15. h4—h5, Sg6—h8 in Kauf nehmen.

14. Sd2—f3 14. Lc5—d6

Ein unergiebiger Läufer.

15. h2—h4! 15. Tf8—e8
16. h4—h5 16. Sg6—f8
17. Sf3—h4

Das Feld f5 winkt. Ein Springer auf diesem Punkte setzt stets den König unter Druck.

17. Sd7—c5

Schwarz hofft auf Gegenspiel mit dem Ziel d3. Das ist jedoch zu harmlos.

18. Sh4—f5 18. Sc5×d3
19. c2×d3 19. Sf8—e6
20. Dd1—g4!

Weiß

Mit der Falle 20. Ld6—f8? 21. Lb2×e5!, Dc7×e5 22. Sf5—h6+, Kg8—h8 23. Sh6×f7+ und gewinnt.

20. f7—f6!

Es drohte unter anderem 21. Sf5×g7, Se6×g7 22. h5—h6. Auf 20. g7—g6 wäre 21. f2—f4 lästig, und 20. La6×d3 verbietet sich wegen 21. Tf1—d1.

21. f2—f4

Auch so ist gegen die Öffnung der f-Linie kaum etwas zu erfinden.

21. Ta8—d8

Wenig erfreulich sieht auch 21. e5×f4 22. Lb2×f6 aus, und 21. Te8—f8 22. Sf5—h6+, Kg8—h8 23. Dg4×e6, g7×h6 24. Tf1—f3 ist ebenso verdächtig wie 21. Ta8—a7 22. h5—h6, g7—g6 23. Sf5×d6, Dc7×d6 24. f4×e5, f6×e5 25. Tf1—f6, nach Meinung Dr. Euwes „mit starkem Angriff für Weiß".

22. f4×e5 22. Ld6×e5

Will Schwarz den Verlust der Qualität vermeiden (22. f6×e5 23. Sf5—h6+, Kg8—h8 24. Sh6—f7+), muß er sich die Möglichkeit vorbehalten, auf das Springerschach nach f8 auszuweichen. Doch in der f-Linie lauert ein anderes Verhängnis.

23. Sf5—h6+ 23. Kg8—f8

24. Tf1×f6+!!

Eine prachtvolle Überraschung. Olafsson hatte sieben Züge weit gerechnet: 24. g7×f6 25. Dg4—g8+, Kf8—e7 26. Dg8—f7+, Ke7—d6 27. Sh6—f5+, Kd6—c5 28. d3—d4+, Le5×d4+ 29. Lb2×d4+, Td8×d4 30. Df7×e8!, Dc7—d6 31. Ta1—c1+ und gewinnt.

24. Le5×f6

25. Lb2×f6 25. g7×f6

Verhältnismäßig mehr Widerstand leistete 25. La6×d3 26. Dg4—f5!, g7×h6 27. Lf6×d8+, Dc7—f7 28. Ld8×b6, obwohl das Endspiel für Weiß sehr günstig stünde. Wenn 25. g7×h6, so 26. Ta1—f1, Td8×d3 27. Lf6—e5+, Dc7—f7 28. Tf1×f7+, Kf8×f7 29. Lg2—f1 zum Vorteil von Weiß.

26. Dg4—g8+	26. Kf8—e7
27. Dg8×h7+	27. Ke7—d6
28. e4—e5+!	

Das Eingreifen des Lg2 beendet den bewegten Kampf.

28. Kd6×e5

Oder Kd6—c5 29. Ta1—c1+.

29. d3—d4+!

Noch ein hübsches Bauernopfer, das der Blockade des Punktes d4 und der Öffnung der d-Linie dient. Wenn Ke5×d4, so 30. Ta1—d1+.

	29. Td8×d4
30. Sh6—f7+	30. Dc7×f7
31. Dh7×f7	31. Td4—d8
32. Ta1—e1+	32. Ke5—d6
33. Df7×f6	

Droht 34. Te1×e6+.

	33. La6—c8
34. Df6—e5+	34. Kd6—d7

Auf 34. Kd6—e7 gewinnt 35. De5—g7+.

35. Lg2—h3

Schwarz gab auf. Ein von Olafsson sehr schwungvoll geführter Angriff.

15. PARTIE

Europa-Mannschaftsmeisterschaft, Oberhausen 1961

Caro-Kann-Verteidigung

Weiß — *Trapl* (ČSSR)	Schwarz — *Perez* (Spanien)
1. e2—e4	1. c7—c6
2. d2—d4	2. d7—d5
3. Sb1—c3	3. d5×e4
4. Sc3×e4	4. Sb8—d7

Botwinnik, der die Caro-Kann-Verteidigung wieder populär gemacht hat, hält 4. Lc8—f5 für das richtige. Der Springerzug bereitet die Entwicklung des anderen Springers vor.

5. Lf1—c4 5. e7—e6
6. Dd1—e2 6. Sg8—f6
7. Se4—g5

Droht 8. Sg5×f7!

7. Sd7—b6
8. Lc4—b3 8. h7—h6

Verfehlt 8. Dd8×d4 wegen 9. Sg1—f3, gefolgt von Sf3—e5.

9. Sg5—f3 9. c6—c5

Pachman empfiehlt 9. Lf8—e7 10. Lc1—e3.

10. d4×c5

Auch hier hält Pachman 10. Lc1—e3 nebst 0—0—0 für stärker.

10. Lf8×c5
11. Lc1—d2 11. 0—0
12. Sf3—e5

Wenn Weiß erst lang rochiert hat, steht er sehr gut. Schwarz hat kein Gegenspiel, Weiß hingegen wird sich die „Angriffsmarke“ h6 zunutze machen.

12. Sb6—d5
13. Sg1—f3 13. b7—b6
14. 0—0—0 14. Dd8—c7
15. g2—g4!

Die Öffnung der g-Linie kann Schwarz kaum vermeiden; verhältnismäßig am besten zöge er 15. Sf6—h7.

15. a7—a5
16. g4—g5 16. h6×g5
17. Ld2×g5 17. a5—a4

Schwarz will nicht stillhalten; aber sein Gegenangriff ist doch ziemlich harmlos — Weiß ignoriert ihn.

18. Lb3×d5 18. Sf6×d5
19. Th1—g1!

Droht stark Lg5—h6. Versucht Schwarz zur Abwehr 19. Tf8—e8, so bricht Weiß mit 20. Lg5—h6, Lc5—f8 21. Tg1×g7+, Lf8×g7 22. Td1—g1 doch durch.

19. a4—a3
20. Td1×d5! Der Läufer braucht das Feld f6.

	20. a3×b2+
21. Kc1—b1	21. Dc7—a7
22. De2—c4	22. e6×d5

Weiß

23. Lg5—f6!

Als krönender Abschluß eine Zwickmühlenkombination mit Damenopfer.

23. d5×c4

Im Falle von 23. g7—g6 wird Schwarz mit rauher Hand zu Boden gezwungen: 24. Dc4×d5, Lc8—f5 25. Se5×g6, Lf5 ×c2+ 26. Kb1×c2, b2—b1D+ 27. Kc2×b1, Da7×a2+ 28. Dd5×a2, Ta8×a2 29. Sg6—e5+, Kg8—h7 30. Tg1 —g7+, Kh7—h6 31. Se5—g4+, Kh6—h5 32. Tg7—g5 matt; oder 24. Lc8—e6 25. Tg1×g6+, f7×g6 26. Dd5×e6+, Tf8 —f7 27. Sf3—g5!, Da7×a2+ 28. De6×a2, Ta8×a2 29. Se5 ×f7, Ta2—a1+ 30. Kb1×b2, Ta1—h1 31. Sf7—h6+, Kg8 —f8 32. Sg5—e6+, Kf8—e8 33. Se6×c5, b6×c5 34. Sh6 —g4 mit gewonnenem Endspiel. Allerdings bot diese Spielweise noch Verteidigungschancen, während die Annahme des Damenopfers resigniert.

24. Tg1×g7+	24. Kg8—h8
25. Tg7—g5+	

Schwarz gab auf (Kh8—h7 26. Tg5—h5+, Kh7—g8 27. Th5—h8 matt). Ein energisch geführter Angriff, der mit einem Sonderpreis ausgezeichnet wurde.

16. PARTIE

Interzonenturnier, Amsterdam 1964

Caro-Kann-Verteidigung

Weiß — *Tal*	Schwarz — *Benkö*
1. e2—e4	1. c7—c6
2. d2—d4	2. d7—d5
3. Sb1—c3	3. d5×e4
4. Sc3×e4	4. Sb8—d7

Als sicherstes hat sich bisher 4. Lc8—f5 erwiesen.

5. Lf1—c4	5. Sg8—f6
6. Se4—g5	

Wegen dieser von dem Tschechen Dr. Filip stammenden Angriffsidee ist der im 4. Zuge gewählte Verteidigungsplan des Schwarzen neuerdings in den Hintergrund getreten. Entgegen der Grundidee der Caro-Kann-Verteidigung wird Schwarz genötigt, den Lc8 einzusperren.

	6. e7—e6
7. Dd1—e2	

Droht 8. Se5×f7. Pachman empfiehlt 7. Sg1—e2.

	7. Sd7—b6
8. Lc4—b3	8. h7—h6
9. Sg5—f3	9. Lf8—e7

Wegen 9. c6—c5 siehe 15. Partie.

10. Sg1—h3	

Man könnte auch 10. Lc1—e3 spielen, um dem Vorstoß des c-Bauern vorzubeugen.

	10. c6—c5
11. Lc1—e3	11. Sb6—d5
12. 0—0—0	12. Sd5×e3
13. f2×e3	13. Dd8—c7

14. Sf3—e5 14. a7—a6
15. g2—g4 15. Le7—d6?

Eine unzeitgemäße Idee. Einen offenen Kampf versprach 15. b7—b5 16. g4—g5, h6×g5 17. Sh3×g5, 0—0. Wenn Benkö gehofft hat, den Se5 zurückdrängen zu können, so unterlag er einem verhängnisvollen Irrtum.

16. g4—g5!

Tal hat ein ausgeprägtes Gefühl dafür, wie er zu chancenreichen Verwicklungen kommen kann.

16. h6×g5

Hinterher zeigte sich, daß hier 16. Ld6×e5 geschehen sollte. Völlige Sicherheit wäre aber auch damit nicht verbunden gewesen. Man sehe etwa 17. d4×e5, Sf6—d7 18. g5—g6, Sd7 ×e5 19. g6×f7+, Se5×f7 20. Sh3—f4. Der Entwicklungsrückstand des Schwarzen ist unverkennbar.

17. Sh3×g5 17. Ld6×e5
18. d4×e5 18. Dc7×e5?

Verständlich, daß Schwarz zu 18. Sf6—d7 kein Zutrauen hatte. Es hängen immer Opfer auf e6 oder f7 in der Luft; trotzdem mußte Schwarz so spielen, wenn er seinem Gegner Probleme stellen wollte. Nach dem geschehenen Zuge ist es sofort aus.

Weiß

19. Td1—d8+!

Eigentlich eine elementare Wendung. Erstaunlich, daß Benkö sie nicht erkannt hat.

19. Ke8—e7

Falls 19. Ke8×d8, so 20. Sg5×f7+ mit Gewinn der Dame für den Turm.

20. Td8×h8 20. De5×g5

21. De2—d2

Schwarz gab auf. 21. Sf6—d7 scheitert an 22. Th1—d1, Dg5—e5 23. Th8×c8, Ta8×c8 24. Dd2×d7+, und 21. Sf6—d5 22. Th1—d1, Dg5×e3 23. Lb3×d5, De3×d2+ 24. Td1×d2, e6×d5 25. Td2×d5 wäre ebenfalls gänzlich aussichtslos. Benkö kann gegen Tal nicht spielen. Einmal ging er so weit zu behaupten, daß ihn der lettische Meister „hypnotisiere".

17. PARTIE

UdSSR-Meisterschaft, Kiev 1965

Caro-Kann-Verteidigung

Weiß — *Bakulin*	Schwarz — *Bronstein*
1. e2—e4	1. c7—c6
2. d2—d4	2. d7—d5
3. Sb1—c3	3. d5×e4
4. Sc3×e4	4. Sg8—f6
5. Se4×f6+	5. g7×f6

Das Zurückschlagen mit dem e-Bauern überließe dem Partner eine gesunde Mehrheit am Damenflügel; dafür kann sich Schwarz leichter entwickeln. Aber auch Bronsteins Zug hat Befürworter.

6. Lc1—e3

Zielbewußter ist 6. Sg1—f3, z. B. 6. Lc8—g4 7. Lf1—e2, Sb8—d7 8. 0—0, gefolgt von 9. Sf3—h4.

6. Lc8—f5

7. Dd1—d2 7. e7—e6

8. Sg1—e2 8. Sb8—d7

9. Se2—g3	9. Lf5—g6
10. Lf1—e2	10. Dd8—c7
11. 0—0	

Auf der Damenseite stünde der König sicherer. Bronstein geht sofort mit der ihm eigenen Unternehmungslust auf das Angriffsziel los.

	11. h7—h5!
12. Tf1—d1	12. h5—h4
13. Sg3—f1	13. h4—h3!

Ein solcher Bauer droht und engt ein.

14. g2—g3

Trotz mancher Bedenken war es wohl richtiger, den Eindringling sofort zu beseitigen.

	14. 0—0—0
15. c2—c4	15. c6—c5!
16. d4—d5	16. e6—e5
17. Ta1—c1	17. f6—f5
18. b2—b4	

Weiß kann längst nicht so wirkungsvoll agieren. Wenn 18. d5—d6, so Dc7—c6 19. f2—f3, Sd7—b8! mit Eroberung von Bd6.

	18. Lf8—d6
19. f2—f3	19. f5—f4
20. Le3—f2	20. Td8—e8
21. Kg1—h1	21. Th8—g8
22. Td1—e1	

Die g-Linie kann Weiß nicht gut öffnen, z. B. 22. g3×f4, e5×f4 23. Td1—e1, Lg6—h5! mit der Drohung Tg8—g2.

22. e5—e4!

Der Bauer wird rasch gefährlich.

23. Lf2×c5	23. Sd7×c5
24. b4×c5	24. Dc7×c5
25. Le2—d1	25. Ld6—c7!

Mit dem Ziel b6.

26. g3×f4	26. e4—e3!

26. Lc7—a5 brächte wegen 27. Dd2—e3 nichts ein. Bronstein

verfolgt hingegen den hintergründigen Plan, mit der Dame auf f2 einzudringen. Paradoxerweise muß er zuvor die Linie seiner Dame sperren.

27. Dd2—e2

Weiß

27. Lg6—d3!!

Eine geniale Kombination: der Läufer lenkt die Dame ab und legt die Linie des Turms g8 frei.

28. De2×d3 — 28. Tg8—g1+!

Eine verblüffende Pointe.

29. Kh1×g1 — 29. e3—e2+

30. Sf1—e3

Im Falle von 30. Kg1—h1 hätte er sein Ziel erreicht: 30. Dc5—f2! beendete dann sofort den Kampf. Der Springerzug kann natürlich den Tag auch nicht retten.

30. Te8×e3

31. Dd3—f5+ — 31. Te3—e6+!

Abzugsschach mit Selbstfesselung. So gewinnt Schwarz das benötigte Tempo.

32. Kg1—h1 — 32. Dc5—f2!

Es ist erreicht! Weiß gab auf. Eine Prachtpartie.

18. PARTIE

Dreiländerkampf, Stockholm 1960

Französisch

Weiß — *M. Johansson* (Schweden)	Schwarz — *Teschner* (Bundesrep. Deutschland)
1. e2—e4	1. e7—e6
2. d2—d4	2. d7—d5
3. Sb1—c3	3. Sg8—f6

Diesen klassischen Zug sieht man heute seltener. Fast ausnahmslos wird 3. Lf8—b4 gespielt.

4. Lc1—g5	4. d5×e4
5. Sc3×e4	5. Lf8—e7
6. Lg5×f6	6. Le7×f6
7. Sg1—f3	7. 0—0

Schwarz betritt einen kaum je benutzten Pfad. Gebräuchlich ist 7. Sb8—d7 als Vorbereitung von c7—c5. Schwarz strebt hingegen (nach einem Vorbild des russischen Großmeisters Bondarevsky) e6—e5 an.

8. Lf1—c4	8. Sb8—c6
9. c2—c3	9. e6—e5

Setzt die Befreiung des Lc8 durch.

10. d4—d5

Von 10. d4×e5, Sc6×e5 11. Dd1×d8 hätte Weiß wegen 11. Se5×f3+ 12. g2×f3, Lf6×d8 weniger als nichts.

	10. Sc6—a5
11. Lc4—d3	11. b7—b6

Der Bd5 war indirekt verteidigt, weil (nach Zwischentausch auf f6) Ld3×h7+ den Weg der Dd1 frei macht. Schwarz mußte andererseits mit b2—b4 rechnen.

12. Se4×f6+

Erleichtert das schwarze Spiel. Schärfer sieht 12. Dd1—c2, gefolgt von der langen Rochade, aus.

	12. Dd8×f6
13. Dd1—e2	13. Lc8—f5

Droht e5—e4. Es konnte aber auch 12. Lc8—g4 13. De2—e4,

Df6—g6 geschehen, weil der Be5 wegen des in der Mitte verbliebenen Königs unverletzlich ist.

14. Ld3—e4	14. Sa5—b7
15. 0—0	15. Lf5×e4

Ein Flüchtigkeitsfehler wäre 15. Tf8—e8. Man sehe: 16. d5—d6!, Lf5×e4 17. d6—d7!, Te8—d8 18. De2×e4 und der Sb7 „hängt".

16. De2×e4	16. Tf8—e8
17. Ta1—d1	17. Sb7—c5

Bei 17. Sb7—d6 18. De4—a4 zeigen sich die Schwächen, die der Zug b7—b6 verursacht hat.

18. De4—c4!

Droht 19. b2—b4 nebst eventuell Dc4×c7.

18. e5—e4

19. Sf3—d2

Der Be4 gibt dem Schwarzen einen Stützpunkt auf d3, ist andererseits allerdings selbst schutzbedürftig.

19. Df6—h6

Nur 19. Df6—f5! rechtfertigte die Strategie des Schwarzen. Weiß hätte dann kaum Besseres als 20. b2—b4, Sc5—d3 21. Dc4×c7, Df5×d5 mit sehr befriedigendem Spiel für Schwarz. Mit dem geschehenen Zuge wollte Schwarz e4—e3 drohen und den f-Bauern beweglich machen. Das erweist sich jedoch als äußerst gefährlich.

20. Tf1—e1! (s. Diagr.)

Das Ei des Kolumbus! Die Absicht des Schwarzen 20. Sc5—d3 ist damit verhindert, wie 21. Te1×e4, Sd3×b2 22. Te4×e8+, Ta8×e8 23. Dc4—b5! beweist. Daß Weiß hierbei schon seinen 30. Zug vorhergesehen haben kann, wie ein Kritiker behauptete, halten wir für unwahrscheinlich. Er wird sich auf sein Schachgefühl verlassen haben.

20. f7—f5?

Zu Unrecht fürchtet Schwarz das Abzugsschach nicht. Von 20. e4—e3 versprach er sich wegen 21. f2×e3, Te8×e3 22. Sd2—f1 wenig. Wie sich hinterher herausstellte, wäre seine beste Chance 20. Sc5—d3 21. Te1×e4, Te8×e4! 22. Dc4

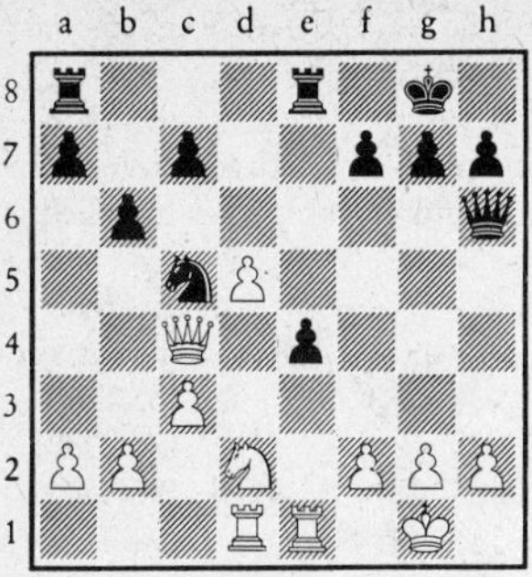

Weiß

(Nach dem 20. Zug von Weiß)

×e4, Sd3×b2 23. Td1—e1, Ta8—f8 24. De4—c2, Sb2—a4!. Gerade diesen letzten Zug aber hatte der Nachziehende in der knapp gewordenen Zeit nicht mehr gesehen.

21. d5—d6+ 21. Kg8—h8

Danach nimmt das Schicksal seinen Lauf. Ob allerdings die Partie auf andere Weise gerettet werden konnte, ist angesichts von 21. Dh6—e6 22. d6—d7, Te8—d8 23. Dc4×e6+, Sc5×e6 24. Sd2—c4 fraglich.

22. d6×c7 22. Sc5—d3

23. Sd2×e4! 23. Sd3×e1

Auf 23. f5×e4 mußte Schwarz wegen 24. Te1×e4, Sd3—c5 (Sd3×b2 25. Te4×e8, Ta8×e8 26. c7—c8D) 25. Te4×e8+, Ta8×e8 26. Dc4—f7! verzichten, und auch 23. Sd3×b2 ist nicht angängig: 24. Se4—d6!!, zum Beispiel 24. Sb2×c4 25. Sd6—f7+, Kh8—g8 26. Sf7×h6+, g7×h6 27. Te1×e8+, Ta8×e8 28. Td1—d8; oder 24. Dh6×d6 25. Te1×e8+, Ta8×e8 26. Td1×d6, Te8—e1+ 27. Dc4—f1. Alles entzückende Wendungen!

24. Se4—d6!

Obwohl Schwarz einen Turm mehr hat, gibt es keine Verteidigung. Wenn 24. Dh6—e6, so 25. Dc4×e6, Te8×e6 26.

Sd6—f7+, Kh8—g8 27.Td1—d8+, Te6—e8 28.Td8×e8+, Ta8×e8 29. Sf7—d8.

24. Dh6—g6

Auf diesen Zug hatte sich Schwarz verlassen; er glaubte, wegen der Mattdrohung auf g2 sei der Gegner zum ewigen Schach genötigt.

25. Sd6—f7+ 25. Kh8—g8

26. Sf7—e5+! Johansson geht aufs Ganze.

26. Dh6—e6

27. Dc4×e6+ 27. Te8×e6

28. Td1—d8+ 28. Te6—e8

29. Td8×a8 29. Te8×a8

Weiß

Kaum zu glauben: Weiß erzwingt nun die Umwandlung des c-Bauern.

30. Se5—c6!!

Ein fataler Zug: er droht 31. Sc6—b8, gefolgt von c7—c8D. Geht der Turm auf die andere Seite des Bauern, geschieht eben 31. Sc6—d8, und greift er den Bauern an, so geht er wegen der Springergabel 31. Sc6—e7+ verloren!

30. Ta8—e8

31. Sc6—d8 31. Se1—d3

32. g2—g3	32. Sd3—e5

Zwar erobert Schwarz noch den Springer; das Endspiel ist jedoch unhaltbar.

33. c7—c8D	33. Se5—f7
34. Dc8—d7	34. Te8×d8
35. Dd7×a7	35. f5—f4
36. g3×f4	36. b6—b5
37. Da7—b6	37. Td8—d1+
38. Kg1—g2	38. Sf7—d6
39. Db6—d8+	39. Kg8—f7
40. Dd8—d7+	40. Kf7—f6
41. f4—f5	

Schwarz gab auf. Triumph des Freibauern und eine prächtige Leistung des Schweden.

19. PARTIE

Buenos Aires 1960

Französisch

Weiß — *Unzicker*	Schwarz — *Wade*
1. e2—e4	1. e7—e6
2. d2—d4	2. d7—d5
3. Sb1—c3	3. Lf8—b4
4. e4—e5	4. c7—c5
5. a2—a3	5. Lb4×c3+

Zur Zeit ist auch 5. Lb4—a5 6. b2—b4, c5×d4! 7. Dd1—g4 beliebt (siehe „Lehrbuch", S. 278).

6. b2×c3	6. Sg8—e7
7. Sg1—f3	7. Dd8—a5
8. Lc1—d2	8. b7—b6
9. a3—a4	

Weiß verhindert die Blockade auf dem Punkt a4; die Gefährdung des a-Bauern hat er wohl erwogen. Schwarz ist nicht gut beraten, dem Irrlicht der Eroberung dieses Bauern nachzujagen.

	9. c5—c4
10. Sf3—g5!	

Das geschieht, um Platz für die Dame zu einem Ausflug zum Königsflügel zu machen.

	10. h7—h6
11. Sg5—h3	11. Lc8—d7
12. Dd1—g4	12. g7—g6
13. Dg4—f3	13. Ld7×a4

Wade hat sicher gesehen, daß Weiß den c-Bauern für den a-Bauern eintauscht; er pocht auf das Endspiel und seinen freien a-Bauern. Wie sagte doch Dr. Tarrasch: „Vor das Endspiel haben die Götter das Mittelspiel gesetzt!" Hier aber ist Weiß im Vorteil, der zusätzliche Linien erhält.

14. Lf1×c4!	14. b6—b5
15. Lc4—d3	15. Da5—c7
16. 0—0	16. Sb8—d7
17. Sh3—f4	17. Sd7—b6
18. Sf4—e2	18. Sb6—c4
19. Ld2—c1	19. Dc7—c6
20. Df3—f6	20. Ke8—d7

Weiß

Sonst käme nur Th8—h7 in Frage (der Bh6 muß geschützt

bleiben), um die Dame anschließend mit Se7—g8 wieder fortzujagen. Weiß hätte seinen Druck dann ruhig mit 21. h2—h4 verstärken können.
Wade nahm bei dem geschehenen Zuge an, daß der Weiße den Einschlag auf f7 nicht wagen würde, sieht sich aber getäuscht.

21. Df6×f7!	21. Ta8—f8
22. Df7—g7	

Die Dame findet einen Schlupfwinkel; eine „ewige“ Verfolgung ist nicht möglich, wie Unzicker richtig vorhergesehen hat.

	22. g6—g5
23. Se2—g3	23. Kd7—d8
24. Ld3×c4	24. Tf8—g8
25. Dg7—f6	25. Tg8—f8
26. Lc4×d5!	

Diesen Zwischenzug, der einen Bauern einbringt, kann sich Weiß leisten, weil seine Dame auf einem gedeckten Felde steht.

	26. Dc6×d5
27. Df6—g7	27. Tf8—g8
28. Dg7—f7	28. Tg8—f8
29. Df7—h5	29. Se7—f5
30. Sg3×f5	30. Tf8×f5
31. Lc1—e3	

Manche Schachspieler unterliegen dem Irrtum, das Vorhandensein ungleichfarbiger Läufer als Remismerkmal zu werten; das ist nur im Endspiel unter ganz bestimmten Voraussetzungen der Fall. Im Mittelspiel verschärft dieser Umstand häufig nur den Kampf.

	31. Th8—h7
32. Dh5—g6	32. Tf5—f7
33. Dg6—g8+	33. Kd8—c7 (s. Diagr.)

Der Wolf (die weiße Dame) ist in die Schafsherde eingebrochen; er beginnt bald schrecklich zu hausen. Zuvor bringt Unzicker drei graziöse Bauernopfer, damit seine Figu-

Weiß

ren genügend offene Linien in der Nähe des feindlichen Königs finden.

34. c3—c4!	34. Dd5×c4
35. d4—d5!	35. Dc4×d5

36. c2—c4! Höchst originell.

36. Dd5—d8

Weder Bauer noch Dame dürfen, wie leicht ersichtlich, nehmen.

37. Dg8—g6	37. Kc7—b8
38. Dg6×e6	38. Dd8—c8
39. De6—d6+	39. Dc8—c7
40. Le3×a7+!	

Ein witziger Tausch der Läufer. Zum Schluß entscheidet die Bauernbeute.

	40. Kb8×a7
41. c4×b5	41. Dc7×d6

Zwecklos Dc7—a5 wegen 42. Dd6—d4+.

42. Ta1×a4+	42. Ka7—b6
43. Ta4—a6+	43. Kb6×b5
44. Ta6×d6	44. Tf7—f5
45. Tf1—b1+	45. Kb5—c5
46. Tb1—c1+	46. Kc5—b5

47. Td6—d8!

Der König in der Mattfalle! Deswegen ist der Be5 nicht zu nehmen (47. Tf5×e5 48. Td8—b8+, Kb5—a6 49. Tc1—a1+ und gewinnt einen Turm).

47. Kb5—b6

48. Td8—b8+

Schwarz gab auf, denn Kb6—a7 49. Tb8—b2, Ka7—a8 50. Tc1—a1+, Th7—a7 51. Ta1×a7+, Ka8×a7 52. Tb2—e2 böte keinerlei Rettungsaussichten. Eine herzerfrischende Partie des Münchener Großmeisters!

20. PARTIE

Europa-Mannschaftsmeisterschaft, Oberhausen 1961

Französisch

Weiß — *Unzicker* (Bundesrep. Deutschland)	Schwarz — *Botwinnik* (UdSSR)
1. e2—e4	1. e7—e6
2. d2—d4	2. d7—d5
3. Sb1—c3	3. Lf8—b4

Jahrelang hat Botwinnik die Französische Verteidigung gespielt, bis er sie wegen einiger schlechter Erfahrungen, unter anderem in dieser Partie, aufgegeben hat.

4. e4—e5	4. c7—c5
5. a2—a3	5. Lb4×c3+

Ob dies oder der Rückzug nach a5 chancenreicher ist, ist eine offene Frage.

6. b2×c3	6. Dd8—c7

Mit der Idee, 7. Dd1—g4 mit f7—f5 beantworten zu können.

7. Sg1—f3	7. Sg8—e7
8. Lf1—d3	8. Lc8—d7
9. a3—a4	

Unzicker beugt dem Blockadezug Ld7—a4 vor.

	9. Sb8—c6
10. Dd1—d2	10. h7—h6

Auf 10. c5—c4 11. Ld3—e2, f7—f6 ist 12. e5×f6, g7×f6 13. Dd2—h6 unbequem. Botwinnik will die Dame nicht nach g5 lassen.

11. 0—0 11. c5—c4
12. Ld3—e2 12. a7—a5

Soll den Ba4 festlegen, schwächt jedoch die b-Linie. Deswegen war trotz mancher Bedenken die kurze Rochade doch günstiger.

13. Lc1—a3 13. Sc6—a7
14. g2—g3 14. Sa7—c8
15. Sf3—h4 15. Dc7—d8

Unentschlossenheit des Weltmeisters! Nach sofortigem 15. Se7—f5 war noch nichts verloren.

16. f2—f4 16. Se7—f5
17. Sh4×f5 17. e6×f5
18. Le2—f3 18. Ld7—e6

Zu 18. Ld7×a4 ist keine Zeit, z.B. 19. Dd2—g2!, La4—c6 20. g3—g4 mit starkem Angriff (Unzicker).

19. Tf1—b1 19. b7—b6
20. Dd2—g2!

Druck gegen d5 und auf der g-Linie. Unzicker führt den hebelartigen Angriff meisterhaft.

20. Ta8—a7
21. Tb1—b5 21. Ta7—d7 (s. Diagr.)
22. g3—g4!

Weiß öffnet sich einen neuen Weg zum Angriff auf das schwarze Lager.

22. Sc8—e7

Nach Unzicker wäre 22. f5×g4 23. Lf3×g4, Le6×g4 24. Dg2×g4, g7—g6 25. e5—e6, Td7—c7 26. Ta1—e1 hoffnungslos.

23. La3×e7 23. Ke8×e7
24. Kg1—h1

Keine Übereilung! 24. g4×f5, Le6×f5 25. Lf3×d5, g7—g5 26. f4×g5, Th8—g8 gäbe Schwarz etwas Gegenspiel. Jetzt muß er vor allem mit 25. g4×f5 nebst Dg2×g7 rechnen.

Weiß

(Nach dem 21. Zug)

	24. g7—g6
25. Ta1—b1	25. Ke7—f8
26. g4×f5	26. Le6×f5

Nimmt der Bauer, kann stark 27. Tb1—g1 folgen oder auch einfach 27. Tb5×b6.

27. Lf3×d5	27. Dd8—h4

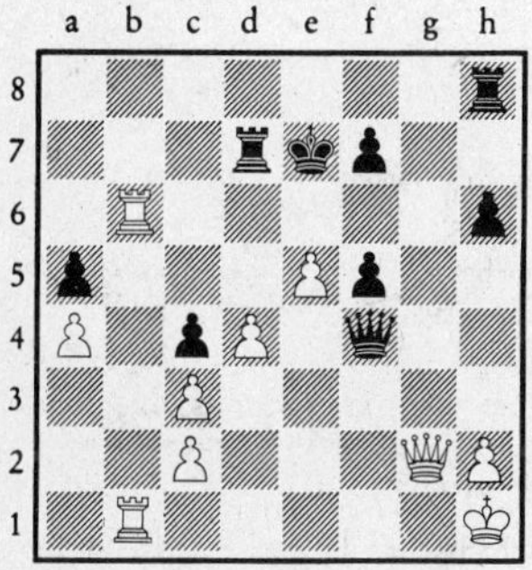

Weiß

(Nach dem 30. Zug)

28. Ld5—e4!

„Unzicker in der Form seines Lebens!" kommentierte eine Zeitung das sachliche Vorgehen des deutschen Spitzenspielers, der den letzten Versuch des Weltmeisters mit leichter Hand abwehrt.

	28. Dh4×f4
29. Le4×f5	29. g6×f5

Zwecklos auch 29. Df4×f5 30. Tb5×b6, Kf8—g7 31. Tb6—f6, Df5—g5 32. Dg2—f3, wie Unzicker feststellt.

30. Tb5×b6	30. Kf8—e7 (s. Diagr.)
31. e5—e6!	

Der Todesstoß. Botwinnik streckte die Waffen. Weder 31. Td7—c7 32. Tb1—f1! noch 31. Td7—d6 32. Dg2—b7+, Ke7×e6 33. Tb6×d6+, Df4×d6 34. Tb1—b6 vermögen die Niederlage abzuwenden. Starker Beifall für den Münchener Großmeister prasselte auf, dessen Score gegen den damaligen Weltmeister nun +1, =3 lautete. In der zweiten Begegnung der beiden im gleichen Wettbewerb vermochte der Russe den Gleichstand herzustellen.

21. PARTIE

Europa-Mannschaftsmeisterschaft, Oberhausen 1961

Französisch

Weiß — *Portisch* (Ungarn)	Schwarz — *Tal* (UdSSR)
1. e2—e4	1. e7—e6
2. d2—d4	2. d7—d5
3. Sb1—d2	3. Sg8—f6

Dank der Erfolge Lothar Schmids hat sich dieser Zug als ebenbürtig neben 3. c7—c5 eingebürgert (vgl. „Lehrbuch des Schachspiels", S. 299).

4. e4—e5	4. Sf6—d7
5. f2—f4	

Früher spielte man stets 5. Lf1—d3.

5. c7—c5
6. c2—c3 6. Sb8—c6
7. Sd2—f3 7. Dd8—b6

In einer Partie Botwinnik — Uhlmann, Schacholympia Warna 1962, geschah 7. Lf8—e7 8. Lf1—d3, Dd8—a5, und nun hielt Pachman 9. Lc1—d2!, c5×d4 10. c3×d4, Le7—b4 11. Sg1—e2, Lb4×d2+ 12. Dd1×d2 für vorteilhaft für Weiß.

8. g2—g3!

Nach 8. Sg1—e2 entstünde eine Stellung aus der Steinitz-Variante (siehe „Lehrbuch“, S. 282).

8. c5×d4
9. c3×d4 9. f7—f6

Nach Uhlmanns Ansicht sollte zuvor 9. Lf8—b4+ eingeschaltet werden.

10. Lf1—h3 10. f6×e5

Die Abriegelung 10. f6—f5 versprach ein etwas leichteres Leben.

11. f4×e5 11. Lf8—b4+
12. Ke1—f1!

Hier verbot sich 12. Ke1—f2? wegen Sd7×e5!

12. Sd7—f8

Schwarz hat es nicht leicht, ein Gegenspiel zu organisieren; insbesondere dieser Springer hat keine guten Felder.

13. Sg1—e2 13. Sf8—g6
14. Kf1—g2 14. 0—0 (s. Diagr.)
15. Lh3—g4!

Die Stellung des Springers auf g6 lädt zum Vorstoß des h-Bauern ein.

15. Lc8—d7

Hier war 15. Db6—d8 nebst Sg6—e7 zu erwägen. Sofort 15. Sg6—e7 hätte wegen 16. a2—a3 eine Figur gekostet. Man sieht, daß sich die schwarzen Figuren gegenseitig im Wege stehen.

16. h2—h4 16. Lb4—a5
17. Ta1—b1!

Droht 18. b2—b4, La5×b4 19. a2—a3.

Weiß

(Nach dem 14. Zug)

17. Db6—b5

Einem Angriffsspieler wie Tal widerstrebt jeder Rückzug. Er will den Gegner „beschäftigen"; trotzdem hätten wir die Rückkehr der Dame vorgezogen.

18. h4—h5 18. Sg6—e7

19. h5—h6 19. g7—g6

Um eine Schwächung des Punktes f6 kommt Schwarz ohnehin nicht herum.

20. Lc1—g5

Nach Dr. Euwe wäre auch 20. b2—b4 nebst a2—a4 kräftig gewesen.

20. Se7—f5

Der Springer hat sechs Züge gemacht, um von einer Figur getauscht zu werden, die nur zweimal gezogen hat.

21. Lg4×f5 21. Tf8×f5

Nimmt ein Bauer zurück, ist 22. Se2—f4 sehr unangenehm.

22. g3—g4 22. Tf5×f3

Zu weiterer Defensive nach 22. Tf5—f8 23. Lg5—f6, La5—d8 24. Lf6—g7, Tf8—f7 25. Dd1—d2 ist Tal nicht mehr bereit. Das Gegenspiel, das er sich von dem Qualitätsopfer verspricht, wird aber von Portisch bald im Keime erstickt.

23. Kg2×f3	23. La5—b6
24. Kf3—g3	24. Ta8—f8
25. Dd1—d2	25. Lb6—c7
26. Lg5—f4	26. Ld7—e8
27. Th1—f1	

Weiß bereitet die Turmverdoppelung in der f-Linie vor.

	27. Lc7—b6
28. Tf1—f2	28. Sc6—b4
29. Tb1—f1	29. Sb4—d3
30. Tf2—f3	30. Db5×b2
31. Dd2×d3	31. Le8—b5

Weiß

Davon hat sich der Exweltmeister offenbar noch etwas versprochen; Portisch hat jedoch in diesem Falle weiter gerechnet.

32. Lf4—g5!

Droht matt auf f8. Falls 32. Tf8×f3, so 33. Dd3×f3 mit unparierbaren Drohungen.

32. Tf8—f5

Tals Einfallsreichtum ist unerschöpflich; und doch nützt alles nichts.

33. Dd3—c3!	33. Lb6×d4

34. Dc3—c8+	34. Kg8—f7
35. Dc8—c7+	

Schwarz gab auf.

22. PARTIE

Jubiläumsturnier, Bled 1961

Französisch

Weiß — *Keres*	Schwarz — *Portisch*
1. e2—e4	1. e7—e6
2. d2—d4	2. d7—d5
3. Sb1—d2	3. c7—c5
4. e4×d5	4. e6×d5
5. Sg1—f3	5. Sb8—c6
6. Lf1—b5	6. Lf8—d6
7. 0—0	7. Sg8—e7
8. c2—c4	

Als Vorbild in dieser Variante diente bisher eine Partie Botwinnik—Boleslavsky, UdSSR 1941, in der 8. d4×c5, Ld6×c5 9. Sd2—b3, Lc5—b6 10. Lc1—e3, Lc5×e3 11. Lb5×c6+, b7×c6 12. f2×e3, 0—0 13. Dd1—d2, Dd8—b6 14. Dd2—c3 geschah. Dr. Filip hat darauf aufmerksam gemacht, daß Schwarz hier aus der Passivität heraustreten und mit 14. a6—a5 ein befriedigendes Spiel hätte erreichen können.

	8. 0—0
9. d4×c5	9. Ld6×c5
10. Sd2—b3	10. Lc5—b6
11. Lb5×c6	11. b7×c6

Interessant wäre 11. d5×c4 12. Dd1×d8, Tf8×d8 13. Lc1—g5, f7—f6 14. Lc6—b5, c4×b3 15. Lb5—c4+.

12. c4—c5	12. Lb6—c7
13. Sf3—d4	

Ein guter Stützpunkt. Die Frage ist, ob es Weiß gelingen wird, seinen Raumvorteil am Damenflügel zu verwerten und schließlich die Bauernmehrheit zur Geltung zu bringen.

Keres versteht es im folgenden, seine strategische Idee mit taktischer Raffinesse durchzusetzen.

	13. Dd8—d7
14. Tf1—e1	14. Se7—g6
15. Lc1—d2	15. Sg6—e5

15. a7—a6 wäre mit 16. a2—a4 beantwortet worden. Hingegen scheint 15. Lc8—a6 den Vorzug zu verdienen.

16. Ld2—a5!	16. Lc7—b8
17. Dd1—e2	17. Dd7—b7
18. La5—c3!	

Mit der Drohung 19. Sd4—e6 nebst 20. Lc3×e5. Dann ergäbe sich die strategisch günstige Konstellation „starker Springer gegen schlechten Läufer“.

18. Db7—c7

Nun verbietet sich 19. Sd4—e6 wegen Se5—f3+.

19. g2—g3	19. Lc8—g4
20. f2—f3	20. Lg4—d7
21. Sd4—f5	21. f7—f6

Auf 21. Ld7×f5 22. Lc3×e5 will Schwarz sich nicht einlassen.

22. Sf5—d6	22. a7—a5

Es drohte 23. Lc3—a5 mit Gewinn der Dame. Schwarz muß einen Bauern geben, hofft aber infolge der sich öffnenden Linien auf Gegenspiel.

23. Lc3×e5	23. f6×e5
24. De2×e5	24. Lb8—a7

Auf den f-Bauern muß Schwarz noch verzichten (24. Tf8×f3? 25. Te1—f1, Tf3×f1+ 26. Ta1×f1 und die Drohung 27. Tf1—f7 wäre nicht abzuwehren).

25. Ta1—c1

Es drohte a5—a4.

25. Tf8×f3 (s. Diagr.)

26. Sd6—c4!

Ein witziger Springerzug, der wiederum einen Bauern gewinnt. Wegen Qualitätsverlusts darf Schwarz offensichtlich nicht die Damen tauschen.

Weiß

(Nach dem 25. Zug)

26. Dc7—d8

Nicht 26. Dc7—c8 wegen 27. Sc4—b6!

27. Sc4×a5 — 27. La7—b8

28. Sa5×c6!

Ein Witz jagt den andern. Falls nun 28. Ld7×c6, so 29. De5—e6+, Kg8—h8 30. Sb3—d4!! (nicht 30. De6×c6, Lb8×g3!). Wenn dann 30. Tf3—f6, so 31. Sd4×c6, und wenn 30. Lc6—d7, so 31. De6×d5!

28. Lb8×e5

29. Sc6×d8 — 29. Tf3×b3

Wenn 29. Le5×b2, so 30. Tc1—d1, Ta8×d8 31. Td1×d5.

30. Te1×e5

Nicht 30. a2×b3, Le5—d4+.

30. Tb3×b2

31. c5—c6!

Der Gnadenstoß. Der Läufer darf das Mattfeld e8 nicht aufgeben, andererseits folgt auf 31. Ta8×d8 32. Te5×d5, Tb2×a2 33. Td5×d7 mit leichtem Gewinn. Falls schließlich 31. Ta8×a2, so 32. c6×d7, Tb2—g2+ 33. Kg1—f1, Tg2—f2+ 34. Kf1—e1.

31. Ld7×c6

32. Sd8×c6	32. Ta8×a2
33. Sc6—e7+	33. Kg8—f7
34. Tc1—f1+	34. Kf7—e8
35. Se7×d5+	35. Ke8—d7
36. Te5—h5	36. h7—h6
37. Sd5—e3	37. Kd7—e6
38. Se3—g4	

Schwarz gab auf. Eine Partie von hohem Niveau.

23. PARTIE

Interzonenturnier, Amsterdam 1964

Französisch

Weiß — *Larsen*	Schwarz — *Portisch*
1. e2—e4	1. e7—e6
2. d2—d4	2. d7—d5
3. Sb1—c3	3. Lf8—b4
4. e4×d5	4. e6×d5
5. Dd1—f3	

Ein ungewöhnlicher Aufbau, den Larsen offenbar gewählt hat, um seinen Gegner um die Frucht häuslicher Analysen zu bringen. Portisch ist ein eifriger Anhänger der Französischen; aber kaum jemand spielt anders als 4. e4—e5.

5. Sb8—c6

Die „Deutsche Schachzeitung" empfiehlt 5. Lc8—e6, „um sich die Möglichkeit Df6 oder Sf6 vorzubehalten. Falls dann 6. Lf1—d3, so Dd8—f6, falls 6. Lc1—f4, so Sg8—f6 7. 0—0—0, 0—0 8. Lf4—e5, Sb8—d7 mit guten Chancen".

6. Lf1—b5	6. Sg8—e7
7. Lc1—f4	7. 0—0
8. 0—0—0	8. Sc6—a5

Portisch versucht, gegen den rochierten König zum Angriff zu kommen. Ruhige Weiterentwicklung, zum Beispiel 8. Lc8—f5, versprach ein leichteres Leben.

9. Sg1—e2	9. c7—c6

10. Lb5—d3 10. b7—b5
11. h2—h4 11. Sa5—c4
12. h4—h5!

Der weiße Angriff kommt eher in Schwung. Larsen droht schon 13. h5—h6, g7—g6 14. Lf4—c7, eventuell gefolgt von Df3—f6.

12. f7—f6

Nach Ansicht Larsens sollte 12. h7—h6 geschehen.

13. g2—g4 13. Dd8—a5

Der folgerichtige Zug, der aber wenig einbringt und sich schließlich als Zeitverlust erweist. Vermutlich war mit 13. a7—a5 eher etwas zu erreichen.

14. Ld3×c4 14. d5×c4

Es ist schwer zu entscheiden, ob nicht doch das Zurückschlagen mit dem b-Bauern vorzuziehen war, obwohl die b-Linie im Angriffssinne nicht viel verspricht.

15. a2—a3!

Der schwarzfeldrige Läufer wird zum Tausch gezwungen und so eine gewisse Vorherrschaft des Weißen auf dieser Felderfarbe herbeigeführt.

15. Lb4×c3

Das Opfer 15. Lb4×a3 16. b2×a3, Da5×a3+ 17. Kc1—d2 bringt nur Ungelegenheiten für Schwarz, der durch den Zug Td1—a1 bedroht ist.

16. Se2×c3 16. Da5—d8
17. Th1—e1!

Mit dem Gewinn des Bauern b5 besorgt Weiß nur die Geschäfte des Gegners, der (17. Sc3×b5) mit Se7—d5 endlich an Initiative denken könnte.

17. a7—a5

Nach 17. Se7—d5 18. Sc3×d5, Dd8×d5 19. Df3×d5, c6×d5 20. Te1—e7, Tf8—f7 21. Td1—e1 entstünde ein für Schwarz höchst unerfreuliches Endspiel.

18. Df3—g3 18. Ta8—a7
19. h5—h6!

Schwächt die schwarzen Felder noch mehr, und das hat um

Weiß

so schwerwiegendere Folgen, als der König unmittelbar in Gefahr gerät. So viele „Löcher“ in der Nähe des Königs müssen auf die Dauer katastrophale Auswirkungen haben.

19. g7—g6

20. Lf4—d6 20. Tf8—e8

Schwarz sollte sich zu 20. Tf8—f7 entschließen, damit der Bf6 gedeckt blieb.

21. Dg3—f4! 21. Kg8—f7

Auf 21. Se7—d5 hätte 22. Sc3×d5, c6×d5 23. Df4×f6!! sofort elegant entschieden.

22. Ld6—e5 22. f6—f5

Oder 22. Se7—g8 23. Sc3—e4, und es droht vor allem 24. Se4—d6+. Wenig nützt auch 22. Se7—d5 23. Sc3×d5, c6×d5 24. Le5×f6!

23. Le5—b8 23. Ta7—b7

24. Df4—e5

Larsen begnügt sich nicht mit dem naheliegenden Gewinn der Qualität (24. Sc3—e4, Se7—d5 25. Se4—d6+, Kf7—f8 26. Sd6×b7).

24. Te8—g8

25. g4—g5 25. b5—b4

Das letzte verzweifelte Aufbäumen. Im Falle von 25. Se7

—d5 26. Sc3×d5, c6×d5 27. f2—f4 wäre Schwarz vollständig wehrlos.

26. De5—f6+	26. Kf7—e8
27. Df6×c6+	27. Ke8—f7

Weder 27. Dd8—d7 28. Te1×e7+ noch 27. Td8—d7 28. Sc3—d5 kommt in Frage.

28. Dc6—f6+	28. Kf7—e8
29. d4—d5	29. Tg8—f8
30. Df6—c6+	30. Dd8—d7

Oder 30. Ke8—f7 31. Dc6×c4, wonach d5—d6+ drohte.

31. Lb8—d6	31. Tf8—f7
32. Ld6×e7	32. b4×c3
33. Le7—b4+	

Schwarz gab auf. Der in den letzten Jahren sehr in den Vordergrund gerückte Däne hat dem starken Ungarn keine Chance gelassen.

24. PARTIE

UdSSR-Meisterschaft, Moskau 1961

Französisch

Weiß — *Stein*	Schwarz — *Petrosjan*
1. e2—e4	1. e7—e6
2. d2—d4	2. d7—d5
3. Sb1—c3	3. Lf8—b4
4. e4—e5	4. c7—c5
5. a2—a3	5. Lb4×c3+
6. b2×c3	6. Sg8—e7
7. Dd1—g4	7. Se7—f5

Ob 7. c5×d4 8. Dg4×g7, Th8—g8 9. Dg7×h7, Dd8—c7 10. Sg1—e2 usw. besser ist, muß dahingestellt bleiben.

8. Lf1—d3	8. h7—h5
9. Dg4—f4	9. Sb8—c6
10. Sg1—e2	10. Sc6—e7
11. Se2—g3	11. Se7—g6

12. Df4—d2	12. Lc8—d7
13. Ta1—b1	13. Ta8—b8
14. 0—0	14. c5—c4
15. Ld3—e2	15. Sf5×g3

Der Sg3 konnte sonst gefährlich nach h5 gehen.

16. f2×g3	16. h5—h4

Weiß beabsichtigte, mit h2—h4 den Bh5 festzulegen.

17. Le2—g4	17. h4×g3
18. h2×g3	18. Dd8—e7

Schwarz hätte wohl das folgende Bauernopfer mit Ld7—a4 verhindern sollen. Er hat es jedenfalls schwer, seine Streitkräfte zu einem gedeihlichen Zusammenspiel zu bringen.

19. a3—a4!	19. Ld7×a4
20. Tb1—a1	20. b7—b5
21. Lc1—a3	21. De7—d7
22. Tf1—f2	22. Tb8—b7
23. Ta1—f1	23. Dd7—d8
24. Dd2—d1	24. Th8—h6

Läßt eine taktische Pointe außer acht. Auf die Dauer war jedoch das schwarze Spiel nicht zu verteidigen.

Weiß

25. La3—c1	25. Th6—h7

26. Lg4×e6!

Schwarz gab auf. Weder 26. f7×e6 27. Dd1—g4 noch 26. Sg6—h8 27. Dd1—f3 sind geeignete Wege, Materialeinbuße zu vermeiden. Das war die einzige Niederlage Petrosjans in der von ihm gewonnenen Meisterschaft.

25. PARTIE

Schacholympia, Leipzig 1960

Sizilianisch

Weiß — *Tal* (UdSSR)	Schwarz — *Najdorf* (Argentinien)
1. e2—e4	1. c7—c5
2. Sg1—f3	2. d7—d6
3. d2—d4	3. c5×d4
4. Sf3×d4	4. Sg8—f6
5. Sb1—c3	5. e7—e6

Die von Najdorf hier gewählte Spielweise hatte sich in seiner damaligen Praxis gut bewährt.

6. Lc1—e3	6. a7—a6
7. f2—f4	7. b7—b5

In einer Partie Keres-Bilek, Leipzig 1960, erlangte Weiß nach 7. Dd8—c7 8. g2—g4 heftigen Angriff.

8. Dd1—f3

Dazu bemerkte Tal in der „Deutschen Schachzeitung“: „Hier kam auch 8. e4—e5, d6×e5 9. f4×e5, Sf6—d5 in Betracht, z. B. 10. Sc3×d5, Dd8×d5 11. Dd1—d2, Dd5×e5 12. Lf1—e2, aber Najdorf machte die ersten Züge so schnell, daß ich beschloß, ihm ‚aufs Ehrenwort‘ zu glauben und eine ruhige Fortsetzung zu wählen.“

	8. Lc8—b7
9. Lf1—d3	9. Sb8—d7
10. 0—0	10. Lf8—e7
11. a2—a3	

Um nicht immer mit b5—b4 rechnen zu müssen. Zu fürchten

war der Zug noch nicht, denn der Springer ginge über e2 nach g3, wo er gut stünde.

	11. 0—0
12. Df3—h3	12. Dd8—c7

Tal gibt hier eine aufschlußreiche Variante an: 12. Sd7—c5 13. e4—e5, d6×e5 14. f4×e5, Sc5×d3 15. e5×f6, Le7×f6 16. Tf1×f6, Dd8×f6 17. c2×d3, Df6—g6. Ein verwickeltes Spiel mit beiderseitigen Chancen.

13. Ta1—e1	13. Sd7—c5
14. Le3—f2	14. d6—d5?

Dazu wollte Tal seinen Gegner gerade verlocken. Gewöhnlich hat Schwarz das Eröffnungsproblem gelöst, sobald er diesen Vorstoß unter annehmbaren Umständen durchgesetzt hat. Vermutlich hat Najdorf eine taktische Finesse (siehe nächste Bemerkung) übersehen. Sofortiger Tausch auf d3, gefolgt von Ta8—c8, hätte zum Ausgleich genügt.

Weiß

15. e4×d5	15. Sc5×d3
16. c2×d3	16. Lb7×d5

Den Läufer ließ er sich gewiß nicht gern tauschen. Aber Najdorf erkannte zu seinem Schrecken, daß 16. Sf6×d5 17. Sd4×e6! unmittelbar zu einer Katastrophe geführt hätte.

17. Sc3×d5 17. e6×d5
18. Sd4—f5!

Im Handumdrehen baut der damalige Weltmeister eine gewaltige Angriffsposition auf.

18. Le7—c5

19. d3—d4!

Weiß hatte auch mit 19. Dh3—g3 geliebäugelt, war damit wegen 19. Lc5×f2+ 20. Tf1×f2, g7—g6 21. Dg3—g5, Tf8—c8! jedoch nicht zufrieden.

19. Lc5—a7

20. Lf2—h4 20. Sf6—e4

Auch andere Züge retten nicht mehr.

21. Te1×e4!

Das Qualitätsopfer kämpft das Feld f6 frei. Der Zusammenbruch kündigt sich an.

21. d5×e4

22. Lh4—f6!

Ein furchtbarer Zug. Natürlich darf der Läufer nicht genommen werden. Eine pikante Drohung ist 23. Dh3—h6!, g7×h6 24. Sf5×h6 matt!

22. Dc7—b6

23. Lf6×g7 23. Tf8—e8
24. Lg7—e5 24. Db6—g6
25. Sf5—h6+ 25. Kg8—f8
26. f4—f5

Schwarz gab auf. Falls nämlich 26. Dg6—g5, so 27. Sh6×f7!, Kf8×f7 28. Dh3×h7+, Kf7—f8 29. Le5—d6+, Te8—e7 30. Ld6×e7+, Dg5×e7 31. Dh7—h8+, gefolgt von Dh8×a8. Der von Becker vorgeschlagene Zug 26. Dg6—c6! hätte wegen 27. Dh3—h5, Dc6—c4 28. Le5—d6+, Te8—e7 29. Tf1—d1! ebenfalls keine Chancen mehr geboten.

Wir wollen unseren Lesern die kleine Vorgeschichte zu dieser Partie nicht vorenthalten, die Tal selbst in der „Deutschen Schachzeitung" schilderte: „Am Vorabend meiner Partie mit Miguel Najdorf erschien der argentinische Großmeister im Speisesaal und sagte lächelnd zu mir: ‚Herr Weltmeister!

Nehmen Sie sich in acht. Falls Sie in unserer bevorstehenden Partie die Absicht haben sollten, zu opfern, so verspreche ich Ihnen, mit Dank alles anzunehmen, was Sie mir großzügig anbieten werden.' Mir blieb nichts anderes übrig, als zu antworten: ,Gut, Herr Großmeister, ich versuche bestimmt, Ihnen etwas abzugeben.'" Wie die Partie zeigt, hat Tal sein Wort gehalten.

26. PARTIE

Schacholympia, Leipzig 1960

Sizilianisch

Weiß — *Nejkirch* (Bulgarien)	Schwarz — *Botwinnik* (UdSSR)
1. e2—e4	1. c7—c5
2. Sg1—f3	2. Sb8—c6
3. d2—d4	3. c5×d4
4. Sf3×d4	4. Sg8—f6
5. Sb1—c3	5. d7—d6
6. Lf1—c4	

Ein Zug, der in neuerer Zeit an Boden gewonnen hat. Allgemein gibt man aber doch dem Richter-Zug 6. Lc1—g5 den Vorzug („Lehrbuch“, S. 314).

6. e7—e6

7. Lc4—b3

Ein Rückzug, der früher oder später unvermeidlich ist, denn Weiß muß mit dem Scheinopfer Sf6×e4 nebst d6—d5 oder auch dem unmittelbaren Vorstoß d6—d5 rechnen.

7. Lf8—e7

8. 0—0 8. 0—0

9. Kg1—h1. Mehr leistet 9. Lc1—e3.

9. Sc6—a5

In einer Partie Jezek — Boleslavsky, Wien 1957, hat sich 9. Sc6×d4 10. Dd1×d4, b7—b6 11. Lc1—g5, Lc8—b7 12. f2—f4, Ta8—c8 13. f4—f5, Tc8—c5! für Schwarz gut bewährt.

10. f2—f4	10. b7—b6
11. e4—e5	11. Sf6—e8
12. Tf1—f3	

Daß die schwarze Stellung mit Risiken beladen ist, zeigt das forsche Vorgehen 12. f4—f5, denn Sa5×b3 13. Sd4—c6! nebst Tausch auf e7 und f5—f6 gäbe Weiß starken Angriff. Schwarz müßte 12. d6×e5! 13. f5×e6, Sa5×b3 14. e6×f7+ (siehe Anmerkung zum 9. Zuge: stünde der Läufer auf e3, ginge hier 14. Sd4—c6, Dd8—d6 15. Sc3—d5!), Tf8×f7 15. Sd4×b3, Lc8—f5 fortsetzen und hätte eine befriedigende Stellung.

	12. Sa5×b3

Jetzt kann das gefahrlos geschehen.

13. Sd4—c6	13. Dd8—d7
14. Sc6×e7+	14. Dd7×e7
15. a2×b3	15. f7—f6!

Der Be5 muß sich erklären — von hier ab wendet sich das Blatt. Falls nun 16. Sc3—e4, so Lc8—b7!

16. e5×d6	16. Se8×d6
17. Tf3—d3	17. Sd6—f5
18. Ta1—a4	

Weiß

Eine raffinierte Falle: spielt Schwarz 18. Lc8—b7, weil er 19. Td3—d7 mit Ta8—d8 unschädlich zu machen gedenkt, so fährt 20. Ta4—d4! vernichtend in die Parade.

18. De7—e8!

Ein Weltmeisterzug, der den erwähnten Überfall vermeidet und die Dame in zwei Richtungen bereitstellt. Das Gegenspiel auf der Diagonalen a8/h1 zeichnet sich ab.

19. Sc3—e4 19. b6—b5
20. Ta4—a5

Nach diesem leichtsinnigen Zuge wird die Partie sofort unhaltbar. Der Rückzug nach a1 war erforderlich.

20. Lc8—b7
21. Se4—d6

Auf 21. Se4—c5 käme 21. Lb7×g2+ nebst De8—c6+.

21. Sf5×d6
22. Td3×d6 22. Ta8—d8!

Von elementarer Kraft. Schwarz droht damit nicht nur Dc6!, sondern auch Tausch auf d6, gefolgt von Dd8!

23. Dd1—d2

Eine ausreichende Verteidigung gibt es nicht mehr.

23. Td8×d6
24. Dd2×d6 24. De8—d8!

Der Seitenhieb auf den Ta5 entscheidet in Verbindung mit der Schutzlosigkeit der 1. Reihe.

25. Dd6×e6+ 25. Tf8—f7
26. De6—e1 26. Tf7—e7

Weiß gab auf, weil 27. De1—d2, Te7—d7 zwecklos wäre. Die Schlußphase hinterläßt einen tiefen Eindruck.

27. PARTIE

Zonenturnier, New York 1960/61

Sizilianisch

Weiß — *Lombardy*	Schwarz — *Fischer*
1. e2—e4	1. c7—c5
2. Sg1—f3	2. d7—d6
3. d2—d4	3. c5×d4
4. Sf3×d4	4. Sg8—f6
5. f2—f3	

Weiß wartet mit dem Zuge Sb1—c3, bis er den c-Bauern nach c4 gespielt hat. Allerdings geht das auf Kosten der Entwicklung.

5. Sb8—c6

Fischer gibt diesem Zuge gegenüber dem von der Theorie empfohlenen 5. e7—e5 den Vorzug.

6. c2—c4	6. e7—e6
7. Sb1—c3	7. Lf8—e7

Zuerst rochieren und dann das Spiel öffnen! Sofort 7. d6—d5 8. c4×d5, e6×d5 9. Lf1—b5 wäre unbequem.

8. Lc1—e3

Auf 8. Sd4—c2, 0—0 9. Sc2—e3 hat Fischer mit Erfolg das Bauernopfer 9. d6—d5! 10. c4×d5, e6×d5 11. e4×d5, Sc6—e5 gespielt (Foguelman — Fischer, Mar del Plata 1960).

	8. 0—0
9. Sd4—c2	9. d6—d5!

Der Schlüsselzug der Verteidigung. Trotz starken Zentrums und einem Bauern mehr wird die Lage des Weißen wegen seiner mangelhaften Entwicklung und seines verwundbaren Königs prekär.

10. c4×d5	10. e6×d5
11. Sc3×d5	11. Sf6×d5
12. Dd1×d5	

Wenn 12. e4×d5, so Sc6—b4.

	12. Dd8—c7
13. Dd5—b5	

Nötig war 13. Lf1—e2, obgleich Schwarz nach Le7—h4+! 14. g2—g3, Lh4—f6 den Bauern zurückerhält und besser steht.

13. Lc8—d7!

14. Ta1—c1

Weiß bemerkt die Gefahr nicht, in der er schwebt.

14. Sc6—b4!

Weiß

Wie ein Blitz beleuchtet dieser Abzugsangriff den Ernst der Lage Lombardys. Er muß in ein ungünstiges Endspiel einlenken.

15. Sc2×b4

Der Ausweichzug 15. Db5—c4 verliert noch rascher, z. B. 15. Dc7—a5! 16. Sc2×b4, Le7×b4+ 17. Ke1—f2, Ta8—c8 18. Dc4—d5, Tc8×c1 19. Le3×c1 (oder 19. Dd5×a5, Tc1—c2+), Lb4—e1+ 20. Kf2—e3, Da5—b6+ und gewinnt.

	15. Dc7×c1+
16. Le3×c1	16. Ld7×b5
17. Sb4—d5	17. Le7—h4+
18. g2—g3	18. Lb5×f1
19. Ke1×f1	19. Lh4—d8
20. Lc1—d2	20. Ta8—c8

21. Ld2—c3	21. f7—f5!

Schwarz braucht offene Linien für seine Türme. Deshalb läßt er den Gegner nicht zu g3—g4 kommen.

22. e4—e5	22. Tc8—c5
23. Sd5—b4	

23. Sd5—f4, Tf8—e8 24. Sf4—d3 hätte etwas mehr Widerstand geleistet. 23. Sd5—e3 erführe die Antwort f5—f4.

	23. Ld8—a5
24. a2—a3	24. La5×b4
25. a3×b4	25. Tc5—d5
26. Kf1—e2	26. Kg8—f7
27. h2—h4	27. Kf7—e6
28. Ke2—e3	28. Tf8—c8
29. Th1—g1	29. Tc8—c4
30. Tg1—e1	

Weiß

Das gestattet dem Schwarzen den Übergang in ein Bauernendspiel, das mit Hilfe des „entfernten Freibauern" technisch ganz einfach zu gewinnen ist. Daß der Gewinn auch bei besseren Zügen nur eine Frage der Zeit ist, begründete Bobby Fischer im Berliner „Tagesspiegel" wie folgt: „Am einfachsten war es wohl, langsam die Königsflügelbauern mit g7

—g6, h7—h6 und g6—g5 vorrücken und immer das Qualitätsopfer auf e5 über dem Haupte des Weißen schweben zu lassen. Es muß betont werden, daß f3—f4 für Weiß unmöglich ist, weil der Zug den Türmen gestattet, in das weiße Spiel einzudringen, z. B. 30. f3—f4, Tc4—e4+ 31. Ke3—f2, Td5—d3 und so fort."

	30. Tc4×c3+!
31. b2×c3	31. Td5×e5+
32. Ke3—d2	32. Te5×e1
33. Kd2×e1	33. Ke6—d5

Die beherrschende Königsstellung tut ein übriges.

34. Ke1—d2	34. Kd5—c4
35. h4—h5	35. b7—b6
36. Kd2—c2	36. g7—g5
37. h5—h6	37. f5—f4
38. g3—g4	38. a7—a5

Nun erst spielt Fischer seinen Trumpf aus.

39. b4×a5	39. b6×a5
40. Kc2—b2	40. a5—a4
41. Kb2—a3	41. Kc4×c3
42. Ka3×a4	42. Kc3—d4
43. Ka4—b4	43. Kd4—e3

Weiß gab auf. Die beste Leistung des Turniersiegers, der damals erst 17 Jahre alt war.

28. PARTIE

Ungarische Meisterschaft 1961

Sizilianisch

Weiß — *Dely*	Schwarz — *Varnusz*
1. e2—e4	1. c7—c5
2. Sg1—f3	2. e7—e6
3. d2—d4	3. c5×d4
4. Sf3×d4	4. Sb8—c6
5. Sb1—c3	5. Dd8—c7

6. f2—f4	6. a7—a6
7. a2—a3	7. d7—d6
8. Lc1—e3	8. Sg8—f6
9. Dd1—f3	9. Sc6—a5

Die Ausnützung der c-Linie durch Besetzung des Punktes c4 mit einer Figur ist ein altes Thema in der Sizilianischen Verteidigung. Hier sind jedoch die Voraussetzungen für die Springerwanderung nach c4 ungünstig, wie Dely nachweist.

10. Sd4—b3!	10. Sa5—c4
11. Lf1×c4	11. Dc7×c4
12. Le3—c5!	

Ein unerwarteter Sperrzug. Der Läufer ist unantastbar, weil sonst die schwarze Dame ihr Leben verlöre (wegen Sb3—a5 Dc4—d4 Ta1—d1).

	12. a6—a5
13. e4—e5!	13. a5—a4

Auch jetzt wäre d6×c5 ungünstig, diesmal wegen 14. e5 ×f6, g7×f6 15. 0—0—0.

14. Lc5×d6!

Der phantasiebegabte Führer der weißen Steine läßt sich nicht zurückdrängen. Im Falle von 14. Lf8×d6 beabsichtigte er 15. Sb3—d2!, Dc4—a6 16. e5×d6, Da6×d6 17. 0—0—0, 0—0 18. Sd2—e4, Dd6—e7 19. Se4×f6+, De7×f6 20. Df3 —e4 mit aussichtsreichem Spiel.

	14. a4×b3
15. Ld6×f8	15. Ke8×f8

Auf die Alternative 15. Sf6—d5 wollte Dely 16. Lf8×g7, Th8—g8 17. c2×b3, Dc4×b3 18. Sc3×d5, Db3×d5 19. Lg7 —f6 spielen (mit dem Gedanken 19. Tg8×g2 20. Ta1—d1!, Dd5×f3? 21. Td1—d8 matt!).

16. c2×b3	16. Dc4×b3
17. e5×f6	17. g7×f6

Zu 17. Db3×b2 wollte sich Schwarz nicht verstehen; wie 18. f6×g7+, Kf8×g7 19. Df3—g3+, Kg7—f8 20. Ta1—d1, Db2—b6 21. Dg3—g5, Kf8—e8 22. Sc3—b5! zeigt, zu Recht.

18. Ta1—d1	18. Db3—b6

Nicht 18. Kf8—e7 19. Sc3—d5+!

19. Sc3—e4	19. Db6—a5+

Wenn f6—f5, so 20. Df3—c3, Th8—g8 21. Td1—d6, Db6—a5 22. b2—b4!, und Weiß hat den Punkt d8 erobert.

20. b2—b4	20. Da5—f5
21. 0—0	21. Kf8—g7
22. Se4—g3	22. Df5—g6
23. Sg3—h5+	23. Kg7—h6
24. g2—g4	24. Th8—g8

Bedroht außer dem Bg4 auch den Sh5.

Weiß

25. Sh5×f6!

Der Schlüsselzug!

25. Dg6×f6

26. g4—g5+

Schwarz muß sich mit Qualitätsverlust abfinden, weil andernfalls der König die Linie des Tg8 unterbrechen müßte! Danach steht der König aber so offen, daß er den weißen Schwerfiguren zum Opfer fällt.

	26. Tg8×g5+
27. f4×g5+	27. Df6×g5+
28. Kg1—h1	28. f7—f5

29. Tf1—g1	29. Dg5—h4
30. Td1—d4!	

Der nette Schlußcoup. Schwarz gab auf, weil auf 30. Dh4 ×d4 31. Df3—h3+ zum Matt führt. Für die Partie erhielt Dely den Schönheitspreis.

29. PARTIE

Jubiläumsturnier, Bled 1961

Sizilianisch

Weiß — *Fischer*	Schwarz — *Tal*
1. e2—e4	1. c7—c5
2. Sg1—f3	2. Sb8—c6
3. d2—d4	3. c5×d4
4. Sf3×d4	4. e7—e6
5. Sb1—c3	5. Dd8—c7
6. g2—g3	6. Sg8—f6

Ein nicht genügend bedachter Zug. Die Sicherheitsmaßnahme a7—a6 war erforderlich.

7. Sd4—b5   7. Dc7—b8

Das Schach auf d6 muß verhindert werden.

8. Lc1—f4   8. Sc6—e5

Die Entblößung des Punktes d5, die nach 8. e6—e5 9. Lf4—g5 und Tausch auf f6 einträte, wäre ebenfalls unangenehm.

9. Lf1—e2!

Die Kontrolle der Felder f3, g4 und h5 ist aus verschiedenen Gründen wichtig. Zunächst soll Dd1—d4 folgen.

9. Lf8—c5

Das naheliegende 9. a7—a6 hätte wegen 10. Dd1—d4!, d7—d6 11. 0—0—0, a6×b5 12. Lf4×e5 seinen Zweck verfehlt.

10. Lf4×e5!

Mit äußerster Präzision legt Fischer seinen Finger auf den wunden Punkt d6.

10. Db8×e5

11. f2—f4	11. De5—b8
12. e4—e5	12. a7—a6

Bei 12. Sf6—g8 13. Sc3—e4 käme ein Springer mit tödlicher Kraft nach d6.

13. e5×f6	13. a6×b5
14. f6×g7	14. Th8—g8

Der Exweltmeister wird überzeugt gewesen sein, den Bg7 früher oder später zurückzugewinnen. Daß das nicht ohne schwerwiegenden Nachteil der Fall sein wird, war allerdings kaum vorauszusehen.

15. Sc3—e4	15. Lc5—e7
16. Dd1—d4	16. Ta8—a4
17. Se4—f6+	17. Le7×f6
18. Dd4×f6	18. Db8—c7
19. 0—0—0!	

Fischer hat ganz richtig erkannt, daß der folgende Einschlag auf a2 keine Gefahr bedeutet. Für ihn kommt es darauf an, alle brachliegenden Kräfte heranzuführen.

	19. Ta4×a2
20. Kc1—b1!	

Seine Majestät schützt sich selbst unter Mitwirkung der starkpostierten Dame f6. Wenn nämlich 20. Dc7—a5, so 21. b2—b3!, wonach die Punkte a1 und b2 ausreichend verteidigt sind und 22. Le2—h5 schwer zu parieren wäre.

	20. Ta2—a6

Dank der Drohung e6—e5 hofft Schwarz, zum Damentausch zu kommen und den lästigen Bg7 beseitigen zu können. Aber Fischer gibt sogar die Dame für einen Turm, um seinen wertvollsten Trumpf zu behalten.

21. Le2×b5	21. Ta6—b6
22. Lb5—d3	22. e6—e5 (s. Diagr.)
23. f4×e5!!	

Der junge Amerikaner stützt sich bei diesem positionellen Damenopfer darauf, daß wegen der unparierbaren Drohung Ld3×h7 ein zweiter Turm daran glauben muß. Es kommt zu einem Kampf zweier von Freibauern unterstützter Türme

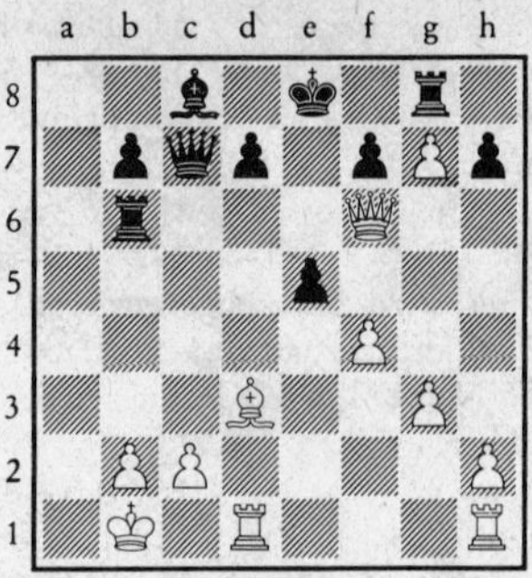

Weiß

(Nach dem 22. Zug)

gegen die Dame, die trotz geistreicher Führung unterliegen muß.

	23. Tb6×f6
24. e5×f6	24. Dc7—c5

So gelingt es Tal, für den Tg8 die beiden gefährlichsten weißen Bauern zu ergattern.

25. Ld3×h7	25. Dc5—g5!
26. Lh7×g8	26. Dg5×f6
27. Th1—f1	27. Df6×g7
28. Lg8×f7+	28. Ke8—d8
29. Lf7—e6	29. Dg7—h6
30. Le6×d7	30. Lc8×d7
31. Tf1—f7	31. Dh6×h2
32. Td1×d7+	32. Kd8—e8
33. Td7—e7+	33. Ke8—d8
34. Te7—d7+	34. Kd8—c8
35. Td7—c7+	35. Kc8—d8
36. Tf7—d7+	36. Kd8—e8
37. Td7—d1	

Der König ist nun vor Schachgeboten gesichert. Die materielle Übermacht des Weißen muß den Ausschlag geben.

	37. b7—b5
38. Tc7—b7	38. Dh2—h5
39. g3—g4!	

Eine Falle. Auf 39. Dh5×g4? sollte nicht etwa ein Turmschach auf e1 nebst Schlagen auf b5 folgen, sondern 40. Td1—h1, Dg4—d4 41. Th1—h8+!, Dd4×h8 42. Tb7—b8+ und Tb8×h8.

	39. Dh5—h3
40. g4—g5	40. Dh3—f3
41. Td1—e1+	41. Ke8—f8
42. Tb7×b5	

Hier war es Zeit für Schwarz, die Waffen zu strecken.

	42. Kf8—g7
43. Tb5—b6	43. Df3—g3
44. Te1—d1	44. Dg3—c7
45. Td1—d6	45. Dc7—c8
46. b2—b3	46. Kg7—h7
47. Tb6—a6!	

Schwarz gab auf. Es droht 48. Ta6—a7+. Spielt er 47. Dc8—b7, so kostet das nach 48. Td6—h6+, Kh7—g7 49. Ta6—g6+, Kg7—f8 50. Th6—h8+ nebst Th8—h7+ die Dame. Fischer hat sich in vielen Partien gegenüber der sowjetischen Elite als ebenbürtig erwiesen.

30. PARTIE

Interzonenturnier, Stockholm 1962

Sizilianisch

Weiß — *Stein*	Schwarz — *Portisch*
1. e2—e4	1. c7—c5
2. Sg1—f3	2. e7—e6
3. d2—d4	3. c5×d4
4. Sf3×d4	4. a7—a6

Das alte Paulsen-System. Schwarz will eventuell Dd8—c7

und b7—b5 fortfahren. Er nimmt die Verlangsamung der Entwicklung des Königsflügels in Kauf.

5. Lf1—d3

Ein moderneres Verfahren gegenüber 5. Sb1—c3.

5. Sg8—f6

Auf 5. Sb8—c6 folgt meist 6. Sd4×c6. Von den beiden Schlagmöglichkeiten scheint 6. d7×c6, gefolgt von e6—e5, brauchbarer zu sein.

6. 0—0 6. Dd8—c7

In einer Partie Capablanca — Tartakower, St. Petersburg 1914, geriet Schwarz nach 6. d7—d5 7. e4×d5, Sf6×d5 8. c2—c3, Lf8—c5 9. Sd4—f3, Sb8—d7 10. Sb1—d2, Sd7—f6 11. Sd2—e4, Sf6×e4 12. Ld3×e4, Sd5—f6 13. Dd1×d8+, Ke8×d8 14. Le4—c2, Kd8—e7 15. Sf3—e5 in ein schwer zu verteidigendes Endspiel.

7. Sb1—d2 7. Sb8—c6

8. Sd4×c6 8. b7×c6

Die Züge 8. Dc7×c6 9. e4—e5 oder 8. d7×c6 9. f2—f4, Lf8—c5+ 10. Kg1—h1, 0—0 11. e4—e5, Sf6—d5 12. Sd2—e4 überlassen dem Gegner den Angriff.

9. f2—f4 9. Lf8—c5+

Das hätte Schwarz besser unterlassen und (nach einer Analyse von Ljublinsky) 9. d7—d5! spielen sollen, z. B. 10. e4—e5, Sf6—d7 11. c2—c3, Sd7—c5 12. Ld3—c2, a6—a5 oder 12. Lf8—e7.

10. Kg1—h1 10. d7—d6

Jetzt war d7—d5 nicht mehr so gut, wie 11. e4—e5, Sf6—d7 12. Dd1—g4 beweist.

11. Sd2—f3 11. e6—e5

Die Rochade ging wegen 12. e4—e5, d6×e5 13. f4×e5, Sf6—d5 14. Ld3×h7+!, Kg8×h7 15. Sf3—g5+ nicht gut. Schwarz muß also die Öffnung der f-Linie zulassen.

12. f4×e5 12. d6×e5

13. Sf3—h4!

Dabei mußte Stein mit dem drohenden Zuge 13. Sf6—g4 rechnen. Er hatte 14. Dd1—f3, Dc7—a7 15. Sh4—f5!, Lc8

×f5 16. e4×f5, Sg4—f2+ 17. Tf1×f2, Lc5×f2 18. f5—f6! vorbereitet.

13. 0—0

14. Sh4—f5 14. Lc8—e6

Schwarz mußte den Springer unbedingt tauschen und auf 15. Tf1×f5, Sf6—e8 ziehen. So konnte er vielleicht noch eine Abwehrmauer errichten.

15. Dd1—e2 15. a6—a5

16. Ld3—c4 16. Kg8—h8

17. Lc1—g5!

Weiß tauscht natürlich nicht auf e6. Der Doppelbauer hätte den Schwarzen nicht sehr gestört; dafür wäre der Sf5 zurückgedrängt und die Verteidigung des Schwarzen wesentlich erleichtert worden.

17. Sf6—d7

Schwarz läuft einer verfehlten Idee hinterher: er hofft, den Lc4 zum Abtausch zwingen zu können. Richtig war es, den Springer zur Verteidigung des Königs zu verwenden und nach g8 zurückzuziehen.

18. Ta1—d1 18. Sd7—b6? (s. Diagr.)

Die Lage war ohnehin schwer. Wenn z. B. 18. Le6×c4 19. De2×c4, f7—f6 20. Lg5—h4, Lc5—b6 21. Td1—d6 mit überlegenen Chancen für Weiß. Noch fataler wäre 18. Le6×f5 19. e4×f5, f7—f6 20. Lg5—c1, weil der Lc4 jetzt den Stützpunkt e6 besäße und auf seiner Diagonalen eine unheilvolle Wirkung ausübte.

19. Sf5×g7!

Da freuten sich die zahlreichen Zuschauer. Schwarz hat die Wahl, auf g7 oder c4 zu nehmen. Auf 19. Kh8×g7 wäre 20. Lg5—f6+, Kg7—g8 (Kg7—g6 21. Td1—d3) 21. De2—d2, Tf8—d8 22. Dd2—h6, Lc5—f8 23. Dh6—g5+ nebst matt gefolgt. Wenn 19. Sb6×c4, so 20. Lg5—f6! mit der Drohung 21. Sg7—f5+, Kh8—g8 22. Sf5—h6 matt, z. B. 20. Kh8—g8 21. Sg7×e6, f7×e6 22. De2—g4+, Kg8—f7 23. Dg4—g7+, Kf7—e8 24. Dg7×c7.

19. Le6×c4

Weiß

(Nach dem 18. Zug)

Darauf hatte Portisch gebaut. Ihm war die Pointe entgangen.

20. Lg5—f6!!

Droht 21. Sg7—f5 + nebst matt.

20. Lc5—e7

21. De2—f3!

Schwarz gab auf, denn gegen 22. Sg7—e8 + ist nichts zu erfinden (wenn 21. Sb6—d7, so 22. Td1 × d7!). Diese schneidige Kurzpartie erhielt den 1. Schönheitspreis.

31. PARTIE

Interzonenturnier, Stockholm 1962

Sizilianisch

Weiß — *Fischer*	Schwarz — *Bolbochan*
1. e2—e4	1. c7—c5
2. Sg1—f3	2. d7—d6
3. d2—d4	3. c5 × d4
4. Sf3 × d4	4. Sg8—f6
5. Sb1—c3	5. a7—a6
6. h2—h3	

Der Zug wurde schon einmal in einer Partie Gereben — Geller, Budapest 1952, angewandt, wenn auch ohne Erfolg. Die Idee ist, am Königsflügel rasch mit g2—g4 vorzugehen und später mit dem König auf der Damenseite Zuflucht zu suchen.

6. Sb8—c6

Nach dem Rezept, daß ein Gegenstoß in der Mitte am besten einem Flügelangriff zuvorkomme, empfahl sich 6. e7—e6, gefolgt von d7—d5.

7. g2—g4 7. Sc6×d4

Analog der Scheveninger Variante konnte 7. e7—e6 8. g4—g5, Sf6—d7 9. Lc1—e3, Dd8—c7 geschehen.

8. Dd1×d4 8. e7—e5
9. Dd4—d3 9. Lf8—e7
10. g4—g5!

Fischer sichert sich den wichtigen Punkt d5. In der erwähnten Partie kam Geller nach 10. Lf1—g2, Lc8—e6 11. b2—b3?, 0—0 12. Lc1—b2, b7—b5 13. 0—0—0, b5—b4 14. Sc3—e2, a6—a5! 15. f2—f4, Sf6—d7 16. f4—f5, Sd7—c5 17. Dd3—f3, a5—a4! zum Angriff.

10. Sf6—d7
11. Lc1—e3 11. Sd7—c5

Auf 11. Le7×g5 hatte Weiß die angenehme Wahl zwischen 12. Le3×g5, Dd8×g5 13. Dd3×d6 und 12. 0—0—0, einem chancenreichen Bauernopfer.

12. Dd3—d2 12. Lc8—e6
13. 0—0—0 13. 0—0
14. f2—f3 14. Ta8—c8
15. Kc1—b1 15. Sc5—d7
16. h3—h4 16. b7—b5
17. Lf1—h3!

Mit unbestechlicher Logik schreitet Fischer auf seinem Wege, der in der Eroberung des Vorpostens d5 besteht, voran. Schwarz kann nun nicht gut 17. Sd7—b6 spielen wegen 18. Le3×b6, Dd8×b6 19. Sc3—d5.

17. Le6×h3

18. Th1×h3 — 18. Sd7—b6
19. Le3×b6 — 19. Dd8×b6
20. Sc3—d5 — 20. Db6—d8

Weiß

Wir haben ein Musterbeispiel des starken, im Zentrum unvertreibbar postierten Springers gegen den schlechten, von eigenen Bauern behinderten Läufer vor uns. Fischer verwertet den strategischen Vorteil mustergültig.

21. f3—f4!

Ein schrecklicher Reinfall wäre 21. Sd5×e7, Dd8×e7 22. Dd2×d6, Tf8—d8! und gewinnt.

21. e5×f4

Erzwungen, weil f4—f5 sonst den Schwarzen erdrückt.

22. Dd2×f4 — 22. Dd8—d7
23. Df4—f5!

Sehr stark, denn 23. Dd7×f5 24. Sd5×e7+ verlöre ebenso wie 23. Dd7—d8 24. Df5×c8! und auch 23. Dd7—b7 24. Sd5—f6+!. Ein gewaltiger Springer!

23. Tc8—d8!

24. Th3—a3 — 24. Dd7—a7
25. Ta3—c3 — 25. g7—g6

Nicht 25. Da7—d7 wegen 26. Tc3—c7. Wenn 25. Td8—d7,

so 26. Sd5—f6+, Le7×f6 27. g5×f6, g7—g6 28. Df5—f4, Kg8—h8 29. Df4—h6, Tf8—g8 30. Tc3—c8! und gewinnt.

26. Df5—g4	26. Da7—d7
27. Dg4—f3	27. Dd7—e6
28. Tc3—c7!	28. Td8—e8
29. Sd5—f4	29. De6—e5
30. Td1—d5	30. De5—h8

Schwarz ist vollkommen an die Wand gespielt worden. Das betont dieser groteske Damenzug.

31. a2—a3	31. h7—h6
32. g5×h6	32. Dh8×h6
33. h4—h5!	33. Le7—g5
34. h5×g6	34. f7×g6

Auch von 34. Lg5×f4 35. g6×f7+, Tf8×f7 36. Tc7×f7, Kg8×f7 37. Td5—f5+, Kf7—e7 38. Tf5×f4 hätte Schwarz nichts zu erhoffen. Wenn aber Bolbochan gehofft haben sollte, aus der Fesselung des Sf4 Kapital schlagen zu können, sieht er sich grausam getäuscht.

Weiß

35. Df3—b3!

Tödlich, denn 35. Kg8—h8 würde fast zwangsläufig zum Matt führen, wie 36. Sf4×g6+!, Dh6×g6 37. Td5×g5!,

Tf8—f1+ 38. Kb1—a2, Dg6×g5 39. Db3—h3+, Kh8—g8 40. Dh3—h7+, Kg8—f8 41. Dh7—h8+, Dg5—g8 42. Dh8—h6+ zeigt.

	35. Tf8×f4
36. Td5—e5+	36. Kg8—f8
37. Te5×e8+	

Schwarz gab auf (37. Kf8×e8 38. Db3—e6+, Ke8—f8 39. De6—c8+). Für diesen vortrefflich geführten Angriff erhielt Fischer den geteilten 2. und 3. Schönheitspreis.

32. PARTIE

Interzonenturnier, Stockholm 1962

Sizilianisch

Weiß — *Bilek*	Schwarz — *Fischer*
1. e2—e4	1. c7—c5
2. Sg1—f3	2. d7—d6
3. d2—d4	3. c5×d4
4. Sf3×d4	4. Sg8—f6
5. Sb1—c3	5. a7—a6

Die Najdorf-Variante.

6. Lc1—g5

Im Falle von 6. Lf1—e2 ist 6. e7—e5 recht befriedigend für Schwarz; nach 6. Lc1—g5 hingegen ist der Vorstoß des e-Bauern wegen 7. Sd4—f5 nicht ratsam.

	6. e7—e6
7. f2—f4	7. Dd8—b6
8. Dd1—d2	

Man kann auch den Bb2 mit 8. a2—a3 indirekt verteidigen (Db6×b2 9. Sc3—a4 und gewinnt). Über den Wert des hier gebrachten Bauernopfers sind sich die Kapazitäten nicht einig. Ausgeprägte Angriffsspieler neigen zu der Ansicht, daß der Zeitgewinn des Weißen den Bauern aufwiegen sollte.

	8. Db6×b2
9. Ta1—b1	9. Db2—a3

10. e4—e5?! 10. d6×e5

Der tschechische Theoretiker Pachman empfiehlt die Einschaltung von 10. h7—h6!, die nach 11. Lg5×f6, g7×f6 12. Sc3—e4, f6×e5 13. f4×e5, d6×e5 14. Sd4—f5, e6×f5 15. Se4—f6+ usw. zum Dauerschach führt, während auf den Rückzug 11. Lg5—h4 die Erwiderung Lf8—e7! stärker als in der Partie ist: der Läufer droht auf h4 mit Schach zu nehmen!

11. f4×e5 11. Sf6—d7

12. Lf1—c4

Weder 12. Sc3—e4, h7—h6! 13. Lg5—h4, Da3×a2 14. Tb1—b3, Da2—a1+ 15. Ke1—f2, Da1—a4 noch 12. Lf1—e2, Da3—c5! rechtfertigen das Bauernopfer.

12. Lf8—e7

Jetzt ist 12. h7—h6 wegen 13. Lg5—f4 nicht mehr so gut. Dagegen ist auch 12. Lf8—b4 13. Tb1—b3, Da3—a5 14. a2—a3, Lb4—c5! 15. Lc4×e6, 0—0! spielbar.

13. Lc4×e6

Scharf, aber folgerichtig. Auf 13. Tb1—b3 geschieht 13. Da3—c5! 15. Sc3—d5, g7—g6. Das Läuferopfer stammt von Dückstein.

13. 0—0

Wenn Schwarz mit Remis zufrieden ist, kann er 13. f7×e6 14. Sd4×e6, Le7×g5 15. Se6—c7+, Ke8—d8 16. Dd2×g5+, Kd8×c7 17. Sc3—d5+ ziehen („ewiges Schach").

14. 0—0 14. Le7×g5

Zum Verlust führt 14. f7×e6 15. Sd4×e6, Sb8—c6 16. Sc3—d5!, Le7—c5+ 17. Kg1—h1, Sc6×e5 18. Se6×f8, Le7×f8 19. Sd5—c7 wie in einer Partie Dückstein — Dr. Euwe, Chaumont 1958.

15. Dd2×g5 15. h7—h6! (s. Diagr.)

Ein von Fischer gefundener scharfsinniger Verteidigungszug. Die Dame muß von dem Punkt g7 abgedrängt werden. Verhängnisvoll wäre statt dessen 15. Da3×c3? 16. Sd4—f5!, Dc3×e5 17. Tb1—e1, De5—b2 18. Sf5—h6+, Kg8—h8 19. Sh6×f7+, Tf8×f7 20. Dg5—d8+! nebst matt.

Weiß

16. Dg5—h4

Danach behält Schwarz die Oberhand. Dr. Euwe hat 16. Dg5—d2 empfohlen mit der Möglichkeit 16. Sd7×e5 17. Le6×c8, Tf8×c8 18. Sc3—d5, Sb8—d7 19. Sd4—f5, Da3—c5+ 20. Kg1—h1, Dc5×c2 21. Dd2—e3. Der Berliner Großmeister Darga meint in der „Deutschen Schachzeitung", daß Schwarz nach 16. Dg5—d2 vielleicht auf 16. f7×e6 17. Sd4×e6, Tf8×f1+ 18. Tb1×f1, Da3—e7! vertrauen könne. Wer sich auf solche abenteuerlichen Spielweisen einlassen will, muß sich jedenfalls darauf analytisch sorgfältig vorbereiten.

	16. Da3×c3
17. Tf1×f7	17. Tf8×f7
18. Dh4—d8+	18. Sd7—f8
19. Le6×f7+	19. Kg8×f7
20. Tb1—f1+	20. Kf7—g6
21. Tf1×f8	21. Lc8—d7!

Die Waage neigt sich endgültig auf die Seite des Schwarzen, weil der Sd4 jetzt mit Schach geschlagen zu werden droht.

22. Sd4—f3	22. Dc3—e3+
23. Kg1—h1	23. De3—c1+

Wie genau Fischer die ganze Variante kannte, zeigt der

Zeitverbrauch der beiden Spieler: Weiß hatte 2 Stunden und 23 Minuten verbraucht, Schwarz erst 7 Minuten! Für 40 Züge standen 2½ Stunden Zeit zur Verfügung.

24. Sf3—g1	24. Dc1×c2
25. Tf8—g8	

Etwas besser war nach Darga 25. Dd8—e7, Dc2—c4!

	25. Dc2—f2
26. Tg8—f8	26. Df2×a2
27. Tf8—f3	27. Kg6—h7

Weiß überschritt in verlorener Stellung die Bedenkzeit. Trauriges Ende eines kühnen Abenteuers!

33. PARTIE

Bad Liebenstein 1963

Sizilianisch

Weiß — *Ciocaltea*	Schwarz — *Jansa*
1. e2—e4	1. c7—c5
2. Sg1—f3	2. d7—d6
3. d2—d4	3. c5×d4
4. Sf3×d4	4. Sg8—f6
5. Sb1—c3	5. a7—a6
6. Lf1—c4	

Neben 6. Lc1—g5 die beliebteste Angriffswaffe.

	6. e7—e6
7. Lc4—b3	

Ein Rückzug, der aus mehreren Gründen früher oder später geschehen muß. Der Läufer ist auf c4 ungedeckt und den Vorstößen b7—b5 und d6—d5 ausgesetzt. Außerdem leistet er der bekannten Scheinopferwendung Sf6×e4 nebst d6—d5 Vorschub.

	7. Lf8—e7
8. f2—f4	8. 0—0
9. Dd1—f3	9. Dd8—c7
10. g2—g4	

Der rumänische Meister ist als kombinations- und angriffsfreudiger Spieler bekannt. Es geht bald hart auf hart.

	10. Sb8—c6
11. Sd4×c6	11. b7×c6

Weiß wollte keine Zeit verlieren. In strategischer Hinsicht war der Tausch auf c6, der nach dem Wiederschlagen mit dem b-Bauern den Punkt d5 verstärkt, für Schwarz günstig.

12. g4—g5	12. Sf6—d7
13. Lc1—e3	13. c6—c5

Folgerichtig war d6—d5.

14. 0—0—0	14. c5—c4
15. Lb3—a4	15. Ta8—b8

Man erwartet Sd7—c5, eventuell gefolgt von Lc8—b7. Der Versuch, durch Druck auf der b-Linie zum Gegenspiel zu kommen, erweist sich als eine Idee zu langsam.

16. La4×d7!	16. Lc8×d7
17. f4—f5	17. Dc7—b7
18. f5—f6!	

Ein erstaunliches Wagnis! Der so gefährlich aussehende Einschlag auf b2 hätte als Bumerang gewirkt, wie 18. Db7×b2+ 19. Kc1—d2, Le7—d8 20. Td1—b1, Db2×c3+! 21. Kd2×c3, Ld8—a5+ 22. Kc3×c4, Tf8—c8+ 23. Kc4—d3, Tc8—c3+ 24. Kd3—e2!, Tc3×c2+ 25. Ke2—d1! zeigt. Der weiße König auf der Flucht schlägt Haken wie ein Hase — ein witziges Abspiel.

	18. Le7—d8
19. b2—b3	19. c4×b3
20. a2×b3	20. Ld8—a5
21. f6×g7 (s. Diagr.)	21. Tf8—c8

Ein selbstverständlich aussehender „Reflexzug", mit dem Schwarz die Partie zu entscheiden hoffte, der jedoch dem Gegner das Tempo gibt, eine glänzende Attacke zu reiten. Von hier ab hat Schwarz nur noch Zwangszüge. Ob allerdings das Qualitätsopfer 21. ..., La5×c3 22. g7×f8D+, Tb8×f8 23. Le3—d4! irgendeine Chance geboten hätte, ist sehr fraglich.

Weiß

(Nach dem 21. Zug von Weiß)

22. Th1—f1!

Weiß arbeitet von hier ab ständig mit Mattdrohungen.

22. Ld7—c6

23. g5—g6!!

Der Clou des Angriffs. Der Bauer macht Punkte auf der 8. Reihe für die weißen Langschrittler zugänglich. Wenn zum Beispiel 23. ..., f7×g6, so 24. Le3—h6.

23. h7×g6

24. Df3—h3! 24. Kg8×g7

25. Dh3—h6+ 25. Kg7—g8

26. Le3—d4!

Nicht 26. Tf1—f3 wegen La5×c3.

26. e6—e5

27. Td1—d3! 27. Lc6—d7

28. Sc3—d5 28. La5—d8

29. Tf1×f7!

Der Schlußakt.

29. Kg8×f7

30. Dh6—h7+! 30. Kf7—f8

Erzwungen, denn sonst setzt die Dame auf g8 matt.

31. Dh7×g6!

Noch zwingender als 31. Td3—f3+, Ld7—f5 32. Dh7×g6.

	31. Ld7—e8
32. Td3—f3+	32. Le8—f7
33. Dg6—h6+	33. Kf8—e8
34. Dh6—h8+	34. Ke8—d7
35. Tf3×f7+	35. Kd7—c6

36. Dh8—e8+ nebst Matt im nächsten Zuge.

Ein herrlicher Sturmangriff.

34. PARTIE

Interzonenturnier, Amsterdam 1964

Sizilianisch

Weiß — *Tal*	Schwarz — *Bilek*
1. e2—e4	1. c7—c5
2. Sg1—f3	2. d7—d6
3. d2—d4	3. c5×d4
4. Sf3×d4	4. Sg8—f6
5. Sb1—c3	5. a7—a6
6. Lc1—g5	6. Sb8—d7

Bilek ist eifriger Anhänger dieses Zuges. Schwarz muß sich dabei besonders vor einem Opfer auf e6 in acht nehmen. Obwohl dem ungarischen Großmeister diese Gefahr wohlbekannt ist, geht er schließlich an ihr zugrunde.

7. Lf1—c4	7. h7—h6
8. Lg5×f6	8. Sd7×f6
9. Dd1—e2	

Weiß droht bereits mit der langen Rochade und folgendem e4—e5. Wegen seines merklichen Entwicklungsnachteils hat Schwarz Sorgen.

9. e7—e6

K. Richter plädiert in der „Deutschen Schachzeitung“ dafür, die Zugstraße des Lc8 offenzuhalten und sich mit 9. Dd8—c7 10. 0—0—0, Lc8—d7 abwartend aufzustellen. Auf 11. f2—f4 könnte Schwarz dann mit Ld7—g4 den weißen Aufbau behindern. Keine Frage natürlich, daß Weiß auch dabei stark steht.

10. 0—0—0 10. Dd8—c7
11. f2—f4 11. e6—e5

Das Feld d5 freizugeben und bei unrochiertem König die Handhabe zu Linienöffnungen zu bieten, kann nur Mißtrauen erwecken. Nach Bilek war 11. b7—b5 zu versuchen.

Weiß

12. Sc3—d5!

Das ist der Stil Tals, der „Normalzüge" wie 12. f4×e5, d6×e5 13. Sd4—f3 verschmäht. Ganz interessant ist 12. Sd4—f5, Lc8—e6 13. Lc4×e6, f7×e6 14. Sf5—h4, g7—g5 15. f4×e5, d6×e5 16. Th1—f1, wie in einer Partie Matanović — Kortschnoj, 1963, geschah.

12. Sf6×d5
13. e4×d5 13. Lf8—e7
14. f4×e5 14. d6×e5
15. Sd4—e6!

Das eingangs erwähnte Opfer, das der in der Mitte gebliebene König ermöglicht hat. Solche Gelegenheiten läßt Tal nicht aus. Der kühne Springerzug bringt den Schwarzen völlig aus dem Konzept.

15. Dc7—d6

Nur die Annahme des Opfers bereitete noch Schwierigkeiten für Weiß, der nach 15. f7×e6 16. De2—h5+, Ke8—d7! (sehr amüsant verläuft 16. Ke8—f8 17. d5×e6, Le7—f6 18. e6—e7+, Dc7×e7 19. Td1—d8+, De7×d8 20. Dh5—f7 matt), und nun stellt 17. Dh5—g4! den Partner vor unlösbare Probleme. Die Hauptdrohung ist d5—d6 nebst Dg4×e6+; aber Schwarz muß auch mit dem Bauernschlag auf e6 und mit Dg4×g7 rechnen. Zu fragen, ob Tal dies alles vorhergesehen hatte, ist müßig; es kommt nur darauf an, daß er die Züge gegebenenfalls gefunden hätte.

16. Se6×g7+ 16. Ke8—f8
17. Sg7—e6+!

Tal begnügt sich nicht mit dem Bauerngewinn, sondern sucht die rascheste Entscheidung. Die Wegnahme des Springers wäre keinen Deut besser als zuvor — im Gegenteil.

17. Kf8—e8
18. Th1—f1 18. Le7—g5+
19. Kc1—b1 19. b7—b5
20. De2—h5!

Fesselt und droht.

20. Lg5—f4
21. Lc4—b3 21. a6—a5
22. Se6—c7+!

Ein Winkelried. Jetzt gibt es kein Ausweichen mehr.

22. Dd6×c7
23. d5—d6

Schwarz gab auf, denn 23. Dc7—d7 24. Tf1×f4, e5×f4 25. Dh5—e5+ bedeutete die endgültige Vernichtung. Der ungarische Großmeister ist schon in der ersten Partiephase verunglückt.

35. PARTIE

UdSSR-Meisterschaft, Leningrad 1960

Skandinavisch

Weiß — *Bronstein*	Schwarz — *Lutikov*
1. e2—e4	1. d7—d5
2. e4×d5	2. Sg8—f6
3. Lf1—b5+	3. Lc8—d7
4. Lb5—e2	

„Theorie“ ist 4. Lb5—c4 (siehe „Lehrbuch“, S. 346).

	4. Sf6×d5
5. d2—d4	5. g7—g6
6. c2—c4	6. Sd5—b6
7. Sb1—c3	7. Lf8—g7

Der vorbeugende Zug 7. c7—c6 war angebracht, denn jetzt wird der Springer auf das ungünstige Feld c8 gedrängt.

8. c4—c5!	8. Sb6—c8

An dieser unnatürlichen und hinderlichen Springerstellung geht das schwarze Spiel schließlich zugrunde.

9. d4—d5	9. c7—c6
10. Dd1—b3	10. b7—b6

Auf 10. Dd8—c7 geschähe 11. Lc1—f4!, z. B. Dc7×f4 12. Db3×b7.

11. Le2—f3	11. 0—0
12. Lc1—e3	12. c6×d5

Sonst kommt die Entwicklung nicht voran. Weiß hat aber nun Aussicht auf ein Druckspiel in der d-Linie.

13. Lf3×d5	13. Sb8—c6
14. Ta1—d1	14. Dd8—c7
15. Sc3—b5	15. Dc7—b7
16. Sb5—d4	

Er gönnt seinem Gegner keine Ruhepause.

	16. Ta8—b8
17. Sg1—f3	17. e7—e5

Wie sich gleich zeigt, ein Fehler. Nur mit 17. e7—e6 war Widerstand möglich.

Weiß

18. Ld5×f7+!

Eine scharf berechnete Kombination, die die fehlende Verbindung der schwarzen Türme, genauer gesagt die Schwäche der gegnerischen Grundreihe, ausnützt.

18. Tf8×f7

19. Sd4×c6

Antwortet Schwarz 19. Db7×c6, kommt es ähnlich: 20. Sf3—g5, Ld7—e8 21. Td1—d8 oder sogar 21. Sg5×f7, Le8×f7 22. Td1—d8+, Lg7—f8 23. Le3—h6!

19. Ld7×c6

20. Td1—d8+ 20. Lg7—f8

21. Sf3×e5

Obwohl Schwarz eine Figur mehr besitzt, kann er sich gegen die weißen Drohungen nicht ausreichend verteidigen. Auf 21. Kg8—g7 etwa wäre 22. Se5×f7, Db7×f7 23. Le3—h6+ gefolgt.

21. b6×c5

22. Le3—h6!

Wie so oft, besteht die stärkste Fortsetzung darin, ein gewonnenes Endspiel anzustreben. Erwidert Schwarz 22. Db7×b3, so ist nach 23. a2×b3 außer dem Lc6 und dem Tf7 auch der Lf8 in Gefahr.

22. c5—c4

23. Db3×b7

Beginn der entscheidenden Abwicklung.

23. Tb8×b7

24. Se5×f7	24. Tb7×f7
25. Td8×c8	25. Lc6×g2
26. Th1—g1	26. Lg2—b7
27. Tc8×f8+	27. Tf7×f8
28. Lh6×f8	28. Kg8×f8
29. Tg1—g5!	

Schwarz gab auf, weil er seinen Damenflügel nicht mehr verteidigen kann; es droht Tg5—c5 oder Tg5—a5. Ein klassischer Überfall.

36. PARTIE

Berlin-Grünau 1964

Pirc-Verteidigung

Weiß — *Zinn*	Schwarz — *Fuchs*
1. e2—e4	1. g7—g6

Man nennt diesen Anfang auch Robatsch-Verteidigung. Mit Umstellung der Züge gerät die Partie jedoch in aus der Pirc-Verteidigung bekannte Kanäle.

2. d2—d4	2. Lf8—g7
3. Lc1—e3	3. d7—d6
4. Sb1—c3	4. Sg8—f6
5. f2—f3	5. 0—0
6. Dd1—d2	6. Tf8—e8
7. 0—0—0	7. c7—c6
8. h2—h4	8. b7—b5

Beide Parteien versuchen, einen Angriff gegen den rochierten König in die Wege zu leiten: Wer zuerst kommt... Diese Variante ist in der Praxis schon öfter fast genau wie in dieser Partie bis ins Mittelspiel hinein exerziert worden.

9. h4—h5	9. Dd8—a5

Das Schlagen auf h5 mit dem Springer begegnet Mißtrauen,

denn die h-Linie öffnet sich für die Schwerfiguren (10. Sg1—e2 nebst g2—g4 usw.). Sogar das Qualitätsopfer Th1×h5 muß Schwarz fürchten.

10. h5×g6	10. f7×g6
11. Le3—h6	11. Lg7—h8
12. e4—e5	12. b5—b4
13. Sc3—b1	13. d6×e5
14. Lf1—c4+	14. Sf6—d5
15. d4×e5	15. Sb8—d7

Schließlich muß auch der Damenflügel einmal mobilisiert werden.

16. f3—f4	16. Sd7—b6
17. Lc4—b3	17. Lc8—g4
18. Sg1—f3	18. e7—e6

In einer Partie Möhring — Fuchs aus dem gleichen Turnier, die zwei Runden zuvor gespielt wurde, geschah nun 19. Dd2—f2, c6—c5!, denn 20. Sb1—d2 verbot sich nun wegen Sd5—c3! Zinn findet eine erhebliche Verstärkung des weißen Spiels.

19. Th1—h4!	19. Lg4×f3
20. g2×f3	20. Ta8—d8
21. Lh6—g5	21. Td8—d7
22. Dd2—h2	22. Da5—c5

Schwarz sucht nach Gegenspiel, aber der Aufmarsch auf der h-Linie kommt in jedem Falle schnell. Man sehe: 22. Te8—f8 23. Td1—h1, Tf8—f7 24. Dh2—h3!

23. Td1—h1	23. Dc5—e3+
24. Sb1—d2	24. h7—h5 (s. Diagr.)

Anders ist der Punkt h7 nicht zu verteidigen.

25. Th4×h5!!

Ein eleganter Zug, der den Sperriegel zerschlägt. Weiß muß Turm und Springer hingeben!

	25. g6×h5
26. Dh2×h5	26. De3×d2+

Ob Schwarz sich darauf verlassen hat, daß er bei der Antwort 27. Kc1×d2, Sd5×f4+ in Vorteil käme?

Weiß

(Nach dem 24. Zug)

27. Kc1—b1!

Weiß hingegen hat diese kaltblütige Riposte „eingeplant". Sein Angriff ist unwiderstehlich.

27. Te8—f8

Zwecklos bliebe 27. Sd5—c3+ 28. b2×c3, weil sich ja das Feld b2 öffnet.

28. Dh5×h8+	28. Kg8—f7
29. Dh8—h5+	29. Kf7—g8
30. f4—f5!	

Die letzte Feinheit. Er beraubt den König des Fluchtfeldes f7.

30. Dd2—g2

31. f5×e6

Schwarz gab auf. Eine theoretisch aufschlußreiche Partie. Sie beleuchtet auch die Maxime, daß es immer gefährlich ist, „Varianten" zu trauen, die weit ins Mittelspiel hineingehen.

C. Geschlossene Spiele

37. PARTIE

Hastings 1959/60

Damengambit (Slawisch)

Weiß — *Uhlmann*	Schwarz — *Pomar*
1. c2—c4	1. c7—c6
2. Sg1—f3	2. d7—d5
3. d2—d4	3. Sg8—f6
4. Sb1—c3	4. e7—e6
5. e2—e3	5. Sb8—d7

Die „Meraner Variante" (siehe „Lehrbuch", S. 415).

6. Lf1—d3	6. d5×c4
7. Ld3×c4	7. b7—b5
8. Lc4—d3	8. a7—a6
9. e3—e4	

Andere Züge versprechen weniger. Das Spiel geht in das „Angenommene Damengambit" über, wenn Weiß 9. 0—0 fortsetzt, nämlich 9. c6—c5, und nun kann Weiß höchstens mit 10. a2—a4 die Vorhand behaupten, z. B. 10. b5—b4 11. Sc3—e4, Lc8—b7 12. Se4—d2!, Lf8—e7 13. a4—a5, 0—0 14. Sd2—c4, Lb7—e4! 15. b2—b3, gefolgt von Lc1—b2.

9. c6—c5

10. d4—d5

Der Zug von Reynolds, der in letzter Zeit an Beliebtheit gegenüber dem älteren Verfahren 10. e4—e5, c5×d4 11. Sc3×b5, Sd7×e5 12. Sf3×e5, a6×b5 13. Dd1—f3, Lf8—b4+ gewonnen hat. Die Idee ist, 10. e6×d5 mit 11. e4—e5, Sf6—g4 12. Lc1—g5 zu beantworten.

10. Lf8—e7

Als Bestes gilt die Abriegelung 10. e6—e5 11. b2—b3, Lf8—d6.

11. 0—0	11. 0—0
12. Ld3—c2	

Droht 13. d5—d6.

12. e6×d5

Nichts genützt hätte 12. Sd7—b6 13. d5—d6!, Le7×d6 wegen der Gabel 14. e4—e5.

13. e4—e5 13. Sf6—g4

14. Dd1—d3

Uhlmann ruft zunächst eine Schwächung der Königsstellung hervor, bevor er auf d5 nimmt.

14. g7—g6

15. Dd3×d5 15. Ta8—a7

16. Tf1—d1 16. Dd8—b6

17. Dd5—e4!

Wegen der Doppeldrohung Sc3—d5 und De4×g4 ist Schwarz nun zu einer weiteren Lockerung genötigt.

17. f7—f5

18. De4—e2

Immer noch kann Schwarz nicht aufatmen. Jetzt muß er die Gefahr h2—h3 abwehren.

18. Db6—e6

19. Lc1—f4 19. Lc8—b7

Weiß

20. Sf3—d4!

Ein kluger Einfall. Der Springer ist unantastbar, weil der c-Bauer die Schräge b3/g8 bewachen muß (Lc2—b3, c5—c4).

	20. De6—b6
21. Sd4×f5!	

Kein Bauerngewinn, wie man angesichts des einstehenden Sd7 meinen könnte, sondern ein Qualitätsopfer. Die schwarze Stellung verliert allmählich jeden Halt.

	21. g6×f5
22. Td1×d7	22. Db6—c6

Infolge der Mattdrohung auf g2 muß der Turm auf b7 nehmen. Natürlich hatte Uhlmann das vorhergesehen.

23. Td7×b7!

Wenig Wert hätte 23. Td7—d5 wegen c5—c4 mit den Drohungen b5—b4 und Dc6—g6, die dem Nachziehenden wohl einiges Gegenspiel verschafft hätten.

	23. Ta7×b7
24. h2—h3	24. Sg4—h6
25. e5—e6!	25. Tf8—f6

Auf 25. Kg8—g7 käme 26. De2—h5.

26. Lf4×h6	26. Tf6×h6

Oder 26. Tf6×e6? 27. Lh6—e3, f5—f4 28. De2—g4+.

27. Lc2×f5

Die schwarze Stellung ist völlig desorganisiert; die Entscheidung ist längst gefallen.

	27. Dc6—e8
28. Ta1—d1	28. Le7—f6
29. Sc3—e4	29. Tb7—g7
30. Se4×c5	30. Th6—h5
31. Td1—d5	31. Th5—g5
32. g2—g4	32. De8—h5
33. Sc5—e4	33. Dh5×h3

34. Se4×f6+ und Schwarz streckte nach einigen belanglosen Zügen die Waffen. Eine ausgezeichnete Leistung des Dresdener Großmeisters gegen den spanischen Spitzenspieler.

38. PARTIE

Länderkampf UdSSR — Bundesrepublik Deutschland, Hamburg 1960

Damengambit (mit Zugumstellung)

Weiß — *Petrosjan* (UdSSR)	Schwarz — *Unzicker* (Bundesrep. Deutschland)
1. d2—d4	1. Sg8—f6
2. Sg1—f3	2. e7—e6
3. Lc1—g5	3. d7—d5

Als Antwort auf den frühzeitigen Läuferausfall sieht man meistens c7—c5.

4. c2—c4	4. c7—c6
5. Dd1—c2	

Auf 5. e2—e3 müßte Weiß mit Dd8—a5+ nebst Sf6—e4 rechnen, während jetzt der Läufer g5 zwischengehen könnte.

	5. Lf8—e7
6. e2—e3	6. 0—0
7. Sb1—c3	7. h7—h6

Das erweist sich einmal als störende Schwächung.

8. Lg5—f4	8. Sb8—d7

Wenig ersprießlich wäre 8. Sf6—h5 9. Lf4—e5, Sb8—d7 (f7—f6? 10. Lf4×b8, Ta8×b8 11. g2—g4 mit Eroberung des Springers) 10. g2—g4 mit baldiger Öffnung der g-Linie infolge der Marke h6.

9. c4×d5	9. c6×d5

Eher hätte sich Schwarz auf e6×d5 einlassen sollen, wenngleich der Minderheitsangriff, eingeleitet mit Ta1—b1 und b2—b4—b5 usw., keine angenehme Aussicht gewesen wäre. Aber die Öffnung der c-Linie verdient nur dann Empfehlung, wenn der Springer noch auf b8 steht und nach c6 gehen kann.

10. Lf1—d3	10. a7—a6

Erträglich sieht für Schwarz 10. Sf6—h5 11. Lf4—e5, Sd7×e5 12. d4×e5, g7—g6 aus, denn das Läuferopfer auf g6 schlägt nicht durch. Petrosjan hätte wohl 11. 0—0, Sh5×f4 12. e3×f4 gespielt.

11. 0—0 | 11. b7—b5

12. a2—a4!

Ein strategisch interessanter Zug. Petrosjan wendet sich sofort gegen eine Erstarrung der Fronten am Damenflügel, vergrößert die Wirkungskraft des Ld3 und verringert den Einfluß auf das Feld c4. Nach Vorrücken des Bb5 strebt der Sc3 nach b3, wo er die Punkte a5 und c5 im Auge behält.

12. b5—b4

13. Sc3—a2 | 13. Sf6—e8

14. Sa2—c1 | 14. a6—a5

15. Sc1—b3 | 15. Lc8—a6

Vielleicht leistete 15. Lc8—b7 mehr Widerstand.

16. Ld3×a6 | 16. Ta8×a6

17. Dc2—d3 | 17. Ta6—a7

18. Tf1—c1

Die Partie gibt ein klassisches Beispiel für die Verwertung einer offenen Linie. Dem späteren Weltmeister kommt der Druck auf benachbarte Punkte (a5, b5) zugute.

18. Se8—d6

19. Lf4×d6. Der Springer strebte nach c4.

19. Le7×d6

20. Tc1—c6 | 20. Sd7—b8

Auf 20. Sd7—b6 käme 21. Sf3—d2. Dann drohte 22. Dd3—b5.

21. Tc6—c2 | 21. Sb8—d7

22. Ta1—c1 | 22. Sd7—b6

23. Dd3—b5 | 23. Sb6—c4

24. Sf3—d2 | 24. Sc4×d2

25. Tc2×d2 | 25. Dd8—a8

26. Td2—c2 | 26. Tf8—d8 (s. Diagr.)

Bei Erläuterung dieser Position sprach seinerzeit Dr. Euwe von einer „charakteristischen Lage des passiven Gleichgewichts". Schwarz habe alle gefährdeten Punkte gedeckt und müsse abwarten. Inzwischen könne Weiß seine Stellung in aller Ruhe verstärken, bevor er etwas Entscheidendes unternähme.

Weiß

27. Tc2—c6 | 27. g7—g6
28. g2—g3 | 28. Kg8—g7
29. Kg1—f1 | 29. Kg7—g8

Auf Ta7—b7 käme 30. Tc6—b6.

30. h2—h4 | 30. h6—h5

Sonst müßte der Schwarze stets h4—h5 in seine Berechnungen einbeziehen. Der geschehene Zug hat allerdings den Nachteil, die spätere Aufrollung mit dem g-Bauern zu begünstigen.

31. Tc1—c2 | 31. Kg8—h7
32. Kf1—e1

Der Plan Petrosjans geht dahin, den König auf dem Damenflügel in Sicherheit zu bringen, bevor der Bauernsturm auf dem Königsflügel einsetzt.

32. Kh7—g8
33. Ke1—d1 | 33. Kg8—h7
34. Kd1—c1 | 34. Kh7—g8
35. Kc1—b1 | 35. Kg8—h7
36. Db5—e2 | 36. Da8—b7
37. Tc2—c1

Um den Turm eventuell zum Eingreifen auf der g-Linie bereitzuhalten.

	37. Kh7—g7
38. De2—b5	38. Db7—a8

Schwarz kann nicht gut auf b5 tauschen, weil der b-Bauer bald einen starken Trumpf abgeben würde.

39. f2—f4	39. Kg7—h7
40. Db5—e2	40. Da8—b7

Bei f7—f5 käme zusätzlich die Schwäche des Be6 hinzu. Das kann sich Schwarz wegen der eventuellen Möglichkeit Sb3—c5 nicht mehr leisten. Andererseits ist die Zulassung von g3—g4 der Anfang vom Ende.

Weiß

41. g3—g4

Der von langer Hand vorbereitete Durchbruch.

	41. h5×g4
42. De2×g4	42. Db7—e7
43. h4—h5	43. De7—f6

Unzicker tut noch das menschenmögliche. Käme er zum Damentausch, wäre noch nichts entschieden.

44. Kb1—a2!	44. Kh7—g7
45. h5×g6	45. Df6×g6

Oder 45. f7×g6 46. Sb3—c5.

46. Dg4—h4	46. Ld6—e7

47. Dh4—f2

Droht Tc1—g1. Weiß beherrscht das Brett.

47. Kg7—f8

48. Sb3—d2

Petrosjan will den Springer nach e5 bringen ...

48. Ta7—b7

49. Sd2—b3

... gibt die Idee jedoch wieder auf, weil dann b4—b3+ nebst Tb7—b4 äußerst gefährlich wäre. So schnell kann das Blatt sich wenden!

49. Tb7—a7

50. Df2—h2! 50. Le7—f6

Der Widerstand erlahmt. Die Preisgabe des Feldes c5 ist sofort tödlich. Zäher war Dg6—f6.

51. Tc6—c8 51. Ta7—d7
52. Sb3—c5! 52. b4—b3+

Um später ein Schachgebot zu ermöglichen. Falls 52. Td7—a7, so ebenfalls 53. f4—f5!, z.B. Dg6×f5 54. Tc8×d8+, Lf6×d8 55. Dh2—b8 mit Gewinn einer Figur.

53. Ka2×b3 53. Td7—d6
54. f4—f5! 54. Td6—b6+
55. Kb3—a2

Schwarz gab auf. Das Zwischenmanöver hat nichts genützt, weil nun auch Sc5—d7+ droht. Ein denkwürdiges Ringen! Von großem didaktischem Wert ist die Demonstration Petrosjans, welch großen Trumpf der Besitz einer offenen Linie darstellt.

39. PARTIE

7. Matchpartie, Los Angeles 1961

Damengambit

Weiß — *Reshevsky*	Schwarz — *Fischer*
1. d2—d4	1. d7—d5
2. Sg1—f3	2. Sg8—f6
3. c2—c4	3. e7—e6

4. Sb1—c3 4. Lf8—b4

Eine von dem russischen Großmeister Ragosin mit Vorliebe gewählte Verteidigung.

5. e2—e3

Auf 5. Lc1—g5 könnte Schwarz mit 5. d5×c4 in die scharfe „Wiener Variante“ einlenken, die allerdings nach heutiger Ansicht bei bestem Spiel des Weißen wenig Empfehlung verdient, z. B. 6. e2—e4, c7—c5 7. Lf1×c4, c5×d4 8. Sf3×d4, Dd8—c7 (oder 8. Dd8—a5 9. Lg5×f6, Lb4×c3+ 10. b2 ×c3, Da5×c3+ 11. Ke1—f1, Dc3×c4+ 12. Kf1—g1, Sb8 —d7 13. Lf6×g7, Th8—g8 14. Ta1—c1, Dc4—a6 15. a2—a4! usw., Smyslov — Wade, Havanna 1964) 9. Dd1—b3!, Lb4 ×c3+ 10. Db3×c3, Sf6×e4 11. Sd4—b5!, Dc7—c5 12. Dc3×g7! zugunsten von Weiß (Awerbach). Deshalb fährt Schwarz besser, wenn er 5. Lc1—g5 mit Sb8—d7 beantwortet. Wenn dann 6. e2—e3, so c7—c5 (die „Manhattan-Variante“).

5. 0—0

6. Lf1—d3 6. Sb8—c6

Das gleiche Abspiel kann auch aus „Nimzowitsch-Indisch“ hervorgehen (siehe 47. Partie).

7. a2—a3 7. Lb4×c3+

Die Frage ist, ob nicht 7. d5×c4 8. Ld3×c4, Lb4—d6 vorzuziehen war. Nun kann Weiß auf sein Läuferpaar pochen.

8. b2×c3 8. Sc6—a5

9. Sf3—d2 9. c7—c5

10. 0—0 10. b7—b6

Droht nach Lc8—a6 durch Generalabtausch auf c4 das weiße Läuferpaar zu „halbieren“.

11. c4×d5 11. e6×d5

12. f2—f3!

Der richtige Plan. Gelingt es Weiß, e3—e4 durchzusetzen, wird früher oder später die Kraft seiner Läufer eine Rolle spielen.

12. Tf8—e8

13. Tf1—e1 13. Lc8—e6

14. Ta1—a2

Noch geht e3—e4 wegen der ungenügenden Deckung von d4 nicht.

14. Ta8—c8

15. Sd2—f1 | 15. c5×d4

16. c3×d4 | 16. h7—h5

Ein strategischer Fehler. Am Königsflügel muß Schwarz stillhalten. 16. Sa5—c4 lag doch nahe.

17. h2—h3 | 17. h5—h4

18. Ta2—f2 | 18. Dd8—d7

Weiß

19. e3—e4!

Alle Reserven stehen hinter der Bauernkette bereit. Die Schwäche von d4 geniert den Weißen nicht mehr.

19. d5×e4

20. f3×e4 | 20. Le6—b3

Wegen einer elementaren Abzugswendung ist d4 unverletzlich (20. Dd7×d4 21. e4—e5 mit der Drohung 22. Ld3—h7+).

21. Dd1—d2 | 21. Lb3—c4

22. Ld3—c2 | 22. Sa5—b3

So beseitigt Fischer zwar einen weißen Läufer, entblößt den

Königsflügel jedoch von allen Verteidigungsfiguren. Ob die Sicherungsmaßnahme 22. Dd7—e7 auf die Dauer noch geholfen hätte, muß allerdings bezweifelt werden.

23. Lc2×b3 23. Lc4×b3
24. e4—e5 24. Sf6—d5

Auf Sf6—h7 war 25. Sf1—e3 stark.

25. Dd2—g5 25. Dd7—e7
26. Dg5—g4

Gegen Lc1—g5 ist keine Verteidigung mehr zu sehen.

26. Tc8—c6
27. Lc1—g5 27. De7×a3

In Zeitnot ein schwerer Fehler. Allerdings hätte Schwarz nach 27. De7—f8 (wenn 27. De7—c7, so 28. Lg5—f6!) 28. Lg5×h4 keinerlei Ersatz für den verlorenen Bauern.

28. Dg4—d7!

Schwarz gab auf. Die drei Punkte f7, e8 und c6 sind nicht gleichzeitig zu verteidigen. Der ehemalige Wunderknabe, zum Zeitpunkt des Wettkampfes 50 Jahre alt, ließ sich von dem neuen Schachwunder (Bobby Fischer verdiente sich schon im Alter von 15 Jahren den Titel „Großmeister" und war zum Zeitpunkt der Partie 18 Jahre alt) nicht beeindrucken.

40. PARTIE

Europa-Mannschaftsmeisterschaft, Oberhausen 1961

Damengambit (Katalanisch)

Weiß — *Geller* (UdSSR) Schwarz — *Ciric* (Jugoslawien)

1. d2—d4 1. d7—d5
2. c2—c4 2. e7—e6
3. Sg1—f3 3. Sg8—f6
4. g2—g3 4. Lf8—e7
5. Lf1—g2 5. 0—0
6. 0—0 6. c7—c6

Es konnte auch gleich b7—b6 (nebst Lc8—b7) geschehen.

7. b2—b3	7. Sb8—d7
8. Lc1—b2	

Der „Doppelloch"-Aufbau ist in Stellungen mit Aussicht auf Raumvorteil fast immer sehr nachhaltig.

	8. b7—b6
9. Dd1—c2	9. Lc8—b7
10. Sb1—d2	10. Ta8—c8
11. Ta1—d1	11. Dd8—c7
12. e2—e4!	12. d5×e4

Der Berliner Meister R. Fuchs empfahl 12. Dc7—b8 13. Tf1—e1, Tf8—d8 und erst danach d5×e4, gefolgt von c6—c5.

13. Sd2×e4	13. Sf6×e4
14. Dc2×e4	14. c6—c5
15. d4—d5!	

Die gleiche Stellung hatte Geller bereits in einer Partie mit dem Esten Nej in der UdSSR-Meisterschaft. Weiß übt einen unverkennbaren Druck aus.

	15. Sd7—f6
16. De4—c2	16. e6×d5
17. Lb2—e5!	17. Dc7—d8
18. Sf3—g5	

Mit der Drohung 19. Le5×f6 nebst 20. Dc2×h7 matt.

	18. g7—g6
19. h2—h4!	

Eine Verstärkung gegenüber dem erwähnten Spiel, in dem 19. Le5—a1 geschah.

	19. Sf6—h5
20. Lg2×d5	20. Lb7×d5
21. Td1×d5	

Weiß hat die d-Linie an sich gerissen. Alle seine Figuren sind maximal postiert; der Boden für Kombinationen ist vorbereitet.

	21. Dd8—e8
22. Tf1—e1	22. De8—c6
23. Le5—b2	23. Tf8—e8

Schwarz konnte nicht gut 23. h7—h6 ziehen wegen 24. Te1

Weiß

—e6! Mit der Antwort des Weißen hat er sicher gerechnet und sich dabei — verrechnet!

24. Sg5×h7! 24. Le7×h4
25. Te1—d1!

Eine witzige Riposte. Hingegen verbot sich 25. Te1×e8+, Tc8×e8 26. g3×h4 wegen 26. Te8—e1+ 27. Kg1—h2, Dc6—c7+ und Schwarz käme ans Ruder.

25. Dc6—e6
26. Dc2—c3!

Erzwingt die Schwächung des Punktes g6. Warum, zeigt sich sofort.

26. f7—f6
27. Dc3—d3 27. De6—g4
28. Td5—g5!!

Dieser frappante Sperrzug zwingt den Gegner, in ein ungünstiges Endspiel einzulenken, das ihm natürlich lieber ist, als sich mattsetzen zu lassen. Geller gewinnt die Partie mit großmeisterlicher Technik, ohne dem Jugoslawen die geringste Chance zu geben.

28. Dg4—e4

Oder 28. Lh4×g5 29. Dd3×g6+, Sh5—g7 30. Sh7×f6+, Lg5×f6 31. Dg6×g4 und gewinnt.

29. Sh7×f6+	29. Sh5×f6
30. g3×h4	30. Te8—d8
31. Dd3×d8+	31. Tc8×d8
32. Td1×d8+	32. Kg8—f7
33. Lb2×f6	33. Kf7×f6
34. Td8—d6+	34. Kf6—f7
35. Td6×g6	35. De4×h4
36. Tg6—g7+	36. Kf7—f6

Schwarz macht unausgesetzt Zwangszüge. Schließlich mündet die Partie in ein simples Bauernendspiel.

37. Tg7—g6+	37. Kf6—f7
38. Tg6—g7+	

Weiß tritt auf der Stelle, um über die Zeitkontrolle im 40. Zug zu kommen.

	38. Kf7—f6
39. Tg7—g6+	39. Kf6—f7
40. Tg5—g4	40. Dh4—h5
41. Tg6—g7+	41. Kf7—f6
42. Tg4—g6+	42. Kf6—f5
43. Tg6—g5+	

Schwarz gab auf. Das Weitere wäre elementar. Von Geller mit unnachsichtiger Schärfe gespielt.

41. PARTIE

Interzonenturnier, Stockholm 1962

Damengambit

Weiß — *Petrosjan*	Schwarz — *Bertok*
1. d2—d4	1. d7—d5
2. c2—c4	2. d5×c4
3. Sg1—f3	3. Sg8—f6
4. Sb1—c3	4. a7—a6
5. e2—e3	5. e7—e6
6. Lf1×c4	6. c7—c5
7. 0—0	7. b7—b5

8. Lc4—b3	8. Lc8—b7
9. Dd1—e2	9. Sb8—d7
10. Tf1—d1	10. Lf8—d6

Ein von Smyslov stammender Zug. Schwarz tauscht nicht vorher auf d4, weil der Springer zurücknähme und Drohungen gegen den Punkt e6 auftauchten.

11. e3—e4	11. c5×d4
12. Td1×d4	

Jetzt wäre 12. Sf3×d4 wegen 12. Dd8—b8! (Petrosjan — Smyslov, Bled 1959) nicht mehr gefährlich. Nun aber geht 12. Dd8—b8 nicht wegen 13. Td4×d6, Db8×d6 14. e4—e5, Lb7×f3 15. De2×f3, und der Ta8 „hängt".

	12. Ld6—c5
13. Td4—d3	13. Sf6—g4

Weiß

Ein Zug, der sich geradezu aufdrängt, denn der Punkt f2 ist nicht bequem zu verteidigen.

14. Lc1—g5!

Im Hinblick auf 14. f7—f6? 15. Lb3×e6! und auf 14. Lc5×f2+? 15. Kg1—f1, Dd8—b6 16. h2—h3.

	14. Dd8—b6
15. Sc3—d5!!	

Ein verblüffender Überfall, mit dem es Petrosjan gelingt, den feindlichen König in der Mitte festzuhalten. Die Annahme des Springeropfers scheidet aus, wie 15. e6×d5 16. e4×d5+, Ke8—f8 17. d5—d6!, Ta8—e8 18. Lg5—e7+, Kf8—g8 19. Lb3×f7+, Kg8×f7 20. Sf3—g5+ beweist. Alles klappt so wunderbar, daß man versucht ist, an eine vorbereitete Analyse zu glauben, in die Bertok hineingelaufen ist. Schwarz hat wohl auch 15. Lb7×d5 untersucht und den Zug wegen 16. e4×d5, Sg4×f2 17. d5×e6, Sf2×d3+ 18. Kg1—f1, 0—0 19. De2×d3 unterlassen.

	15. Db6—a5
16. Ta1—f1	16. Ta8—c8

Rochiert Schwarz, geschieht 17. Sd5—e7+, Lc5×e7 18. Lg5×e7, Sg4—e5 19. Sf3×e5, Sd7×e5 20. Td3—h3 mit gewonnenem Spiel. Überhaupt steht Weiß überlegen, nachdem das Vorgehen des Schwarzen gegen den Punkt f2 fruchtlos geblieben ist.

17. Sd5—f4

Verhindert die Rochade und droht 18. Sf4×e6.

	17. Sg4—e5
18. Sf3×e5	18. Sd7×e5

Wegen der Möglichkeit De2—h5 muß Schwarz vorläufig auf die Rochade überhaupt verzichten.

19. Td3—h3	19. Se5—c4
20. Tf1—d1	20. Da5—b6
21. Sf4—h5	21. Th8—g8

Aber nicht 21. 0—0 wegen 22. Sh5—f6+, g7×f6 23. Lg5×f6, Tf8—d8 24. Th3×h7! und gewinnt.

22. Th3—d3	22. Sc4—d6
23. e4—e5	23. Sd6—e4
24. Lg5—e3	

Mit 24. Td3—d8+, Tc8×d8 25. Td1×d8+ usw. war Petrosjan mit Recht nicht zufrieden. Zwar gewinnt er die Dame für Turm und Läufer, büßt jedoch die Initiative ein.

	24. Lc5×e3
25. Td3×e3	25. Db6—c6

26. De2—g4 26. Ke8—e7
27. Td1—e1 27. f7—f5

Verständlich, daß der Se4 nicht weichen will, z.B. 27. Se4 —c5 28. Dg4—g5+, Ke7—f8 29. Te3—g3. Aber diese Öffnung der Stellung kommt dem Weißen sehr zurecht.

28. e5×f6+ e.p. 28. g7×f6
29. Dg4—h3!

Die Dame fixiert hier e6 und hält g2 gedeckt.

29. f6—f5
30. f2—f3 30. Se4—g5
31. Dh3×f5! 31. Tc8—f8
32. Te3×e6+ 32. Sg5×e6
33. Te1×e6+ 33. Ke7—d8
34. Df5—d3+

Schwarz gab auf, weil nun doch die Dame verlorengeht (Dc6—d7 35. Te6—d6). Eine der spannendsten Partien des Interzonenturniers.

42. PARTIE

Los Angeles 1963

Damengambit (Meraner Variante)

Weiß — *Gligorić* Schwarz — *Panno*

1. d2—d4 1. d7—d5
2. c2—c4 2. c7—c6
3. Sg1—f3 3. Sg8—f6
4. Sb1—c3 4. e7—e6
5. e2—e3 5. Sb8—d7
6. Lf1—d3 6. d5×c4

In der Europa-Mannschaftsmeisterschaft Hamburg 1965 wartete Botwinnik mit der Einschaltung 6. Lf8—e7 7. 0—0 und nun erst 7. d5×c4 auf; nach 8. Ld3×c4, b7—b5 9. Lc4—d3, b5—b4 10. Sc3—e4, Sf6×e4 11. Ld3×e4, Lc8—b7 12. Dd1 —a4, 0—0! hatte er keine Sorgen mehr, weil 13. Le4×c6?, Sd7—b6 ausgeschlossen ist.

7. Ld3×c4 7. b7—b5

8. Lc4—d3 | 8. a7—a6
9. e3—e4 | 9. c6—c5
10. d4—d5!

Die Reynolds-Variante, die das althergebrachte 10. e4—e5 allmählich verdrängt. Die Idee ist, 10. e6×d5 mit 11. e4—e5 und gefährlichem Angriff zu beantworten (siehe auch 37. Partie).

10. c5—c4

Auch im Falle von 10. e6—e5 11. b2—b3!, das als günstigstes gilt, hat Weiß etwas mehr vom Spiel.

11. d5×e6 | 11. f7×e6

Beachtenswert ist die Anregung des jugoslawischen Großmeisters Dr. Petar Trifunović: 11. c4×d3 12. e6×d7+, Dd8×d7 13. Sf3—e5, Dd7—e7 14. Se5×d3, b5—b4.

12. Ld3—c2 | 12. Dd8—c7

In letzter Zeit hat man versucht, hier ein endspielartiges Mittelspiel anzustreben und 12. Sd7—c5 zu spielen. Wie die Partie Awerbach — J. Szabó, Hamburg 1965, gezeigt hat, behält Weiß nach 13. Dd1×d8+, Ke8×d8 14. Lc1—e3!, Kd8—e8 (Lc8—b7? 15. Sf3—g5!) 15. Ta1—d1, Lc8—b7 16. Sf3—g5, Sf6—d7 17. e4—e5!! eine starke Initiative (17. ..., Se5: 18. Lc5:, Lc5: 19. Se6:, Tc8 20. 0—0, Kf7 21. Sg5+, Kf6 22. Sce4+, Le4: 23. Se4:+, Ke7 24. Td5, Sd7 25. Tfe1, Lb4 26. Sc3+. Schwarz gab auf).

13. Sf3—g5!

Die Drohungen setzen bereits ein. Von 13. 0—0, Lf8—d6! hätte Weiß nichts.

13. Dc7—c6

14. 0—0 | 14. e6—e5

Schwarz möchte den Vormarsch des weißen e-Bauern abstoppen, gibt aber dafür das Feld d5 frei. Er treibt den Teufel mit Beelzebub aus, wie man so schön sagt.

15. Sc3—d5! | 15. Lf8—c5

Soll f2—f4 erschweren, hat aber wiederum andere Nachteile. Die Lage ist bereits kritisch.

16. Sg5—e6! | 16. Ke8—f7

Ein besserer Zug ist nicht zu sehen.

17. Se6×c5 17. Sd7×c5

18. f2—f4

Man muß auch die Möglichkeit 18. Sd5×f6, g7×f6 (Dc6 ×f6? 19. Dd1—d5+) 19. Dd1—h5+ untersuchen, die viel für sich hat.

18. Lc8—g4

19. Dd1—e1 19. Sf6×d5

Es ist schwer, das schwarze Spiel zu verbessern.

20. f4×e5+ 20. Kf7—e8

21. e4×d5 21. Dc6×d5

22. Lc1—e3 22. Sc5—d3

Nicht etwa 22. Dd5×e5? 23. Le3×c5, und Weiß erobert eine Figur.

23. De1—g3 23. Lg4—e2

Auf 23. Lg4—h5 zieht Weiß nicht 24. Dg3×g7?, Th8—g8!, sondern 24. b2—b3!. Die Linienöffnung am Damenflügel hätte den Widerstand bald gebrochen.

Weiß

24. Tf1—e1!

Gligorić offenbart ein tiefes Stellungsgefühl. Mit dem Sd3 verschwindet der letzte Halt im Spiel des Schwarzen.

24. Sd3×e1

Wenn 24. Le2—h5, so wiederum 25. b2—b3!. Ja, wenn Schwarz noch kurz rochieren könnte...

25. Ta1×e1	25. Le2—d3
26. Lc2—d1!	

Schwarz muß jetzt mit 27. Dg3×g7, Th8—g8 28. Ld1—h5+, Ke8—d8 29. Le3—b6+ rechnen.

	26. g7—g6
27. Ld1—f3	27. Ld3—e4
28. Lf3×e4	28. Dd5×e4
29. e5—e6!	

Droht Dg3—c7. Das schwarze Spiel bricht zusammen.

	29. Th8—f8

Auf 29. Ta8—c8 zieht 30. Le3—c5! De4—c6 (De4×e1+ 31. Dg3×e1, Tc8×c5 32. De1—f2, Tc5—f5 33. Df2—a7 bzw. 32. Tc5—c7 33. Df2—b6) 31. Lc5—b4 das Netz zu: auf der f-Linie fällt die Entscheidung.

30. Dg3—c7	30. De4—d5
31. Le3—c5!	

Schwarz gab auf; der Verlust der Rochade war sein Untergang! Eine abgerundete Leistung Gligorićs.

43. PARTIE

Beverwijk 1964

Damengambit (mit Zugumstellung)

Weiß — *Donner*	Schwarz — *Dunkelblum*
1. c2—c4	1. c7—c5
2. Sb1—c3	2. Sg8—f6
3. Sg1—f3	3. Sb8—c6
4. e2—e3	4. e7—e6
5. d2—d4	5. d7—d5

Die Partie ist in ein äußerlich ruhiges Abspiel der Tarrasch-Verteidigung eingelenkt. Bald belebt sich aber die glatte Oberfläche des Meeres: im jäh aufkommenden Orkan geht der leichtsinnige Schwimmer unter.

6. a2—a3 6. c5×d4
7. e3×d4 7. d5×c4
8. Lf1×c4 8. Lf8—e7

Ähnliche Bilder kommen auch im angenommenen Damengambit und in der Mittelindischen (Nimzowitsch-Indischen) Verteidigung vor. Sie sind sogar in einer Variante der Caro-Kann-Verteidigung (Panov-Angriff 1. e2—e4, c7—c6 2. d2—d4, d7—d5 3. e4×d5, c6×d5 4. c2—c4 usw.) anzutreffen.

9. 0—0 9. 0—0
10. Tf1—e1 10. b7—b6
11. Dd1—d3 11. Lc8—b7
12. Lc1—g5 12. h7—h6?

Eine Schwächung, die unangenehmer ist, als man häufig glaubt. Schwarz sollte Sf6—d5 spielen.

13. Lg5—f4 13. Tf8—e8

Schon zeigen sich Unannehmlichkeiten. Falls nämlich jetzt 13. Sf6—d5, so 14. Sc3×d5, e6×d5 15. Lc4—a2. Die Drohung 16. La2—b1 kann Schwarz dann jedenfalls nicht mit g7—g6 abwehren, weil der Bh6 dem Zugriff des Lf4 ausgesetzt ist.

14. Ta1—d1!

Um 14. Le7—f8 mit 15. Sf3—e5 beantworten zu können.

14. Ta8—c8

15. Lc4—a2!

Die Überführung des Läufers nach b1 ist typisch.

15. Sc6—b8

Ein wenig nachahmenswerter Rückzug. Eher kam Le7—f8 in Frage.

16. Sf3—e5

Droht bereits 17. Se5×f7!, auch auf 16. Lb7—a6.

16. Le7—f8

17. La2—b1 17. Lb7—a6
18. Dd3—c2 18. g7—g5

Schon Dr. Tarrasch sprach bei einem solchen Zuge von „Harakiri“. Der kraftvolle Aufbau des Weißen ließ aber eine geordnete Verteidigung nicht mehr zu.

Weiß

19. Se5×f7!

Der Springer holt den König an die frische Luft.

	19. Kg8×f7
20. Dc2—g6+	20. Kf7—e7
21. Lf4—e5	21. Sb8—d7
22. Sc3—d5+!	

Reizend! Auch der zweite Ritter muß sein Leben lassen, damit sein Heer den Sieg erringe. Schwarz gab auf, weil der König sich dem Feinde auf der e-Linie oder auf der 7. Reihe ausliefern müßte: 22. e6×d5 23. Le5×f6+ oder 22. Sf6×d5 23. Dg6—h7+. Kleine Übel (12. h7—h6) ziehen große nach sich.

44. PARTIE

Interzonenturnier, Amsterdam 1964

Damengambit

Weiß — *Foguelman*	Schwarz — *Bronstein*
1. d2—d4	1. d7—d5
2. c2—d4	2. d5×c4
3. Sg1—f3	3. Sg8—f6
4. e2—e3	4. Lc8—g4

Eine von russischen Meistern untersuchte moderne Spielweise, bei der die Preisgabe des Bb7 in Kauf genommen wird. Wahrscheinlich tut aber der Weiße besser daran, nach dem Rezept Petrosjans auf den Bb7 zu verzichten.

5. Lf1×c4 5. e7—e6
6. Dd1—b3

Weltmeister Petrosjan zieht 6. Sb1—c3 vor, z. B. 6. a7—a6 7. h2—h3, Lg4—h5 8. g2—g4, Lh5—g6 9. Sf3—e5, Sb8—d7 10. Se5×g6, h7×g6 11. g4—g5, Sf6—d5 12. Sc3×d5, e6×d5 13. Lc4×d5, c7—c6 14. Ld5—b3, Dd8×g5 15. Dd1—f3. Infolge seines starken weißfeldrigen Läufers hatte Weiß in der Partie Petrosjan — Ivkov, Hamburg 1965, etwas mehr vom Spiel.

6. Lg4×f3
7. g2×f3 7. c7—c5
8. Db3×b7 8. Sb8—d7

Für den Bauern hat Weiß einen aufgerissenen Königsflügel und eine abseits stehende Dame in Kauf genommen. Über den Wert der Variante ist sich die Theorie noch nicht klar.

9. d4×c5 9. Lf8×c5
10. f3—f4 10. 0—0
11. 0—0

Vorsichtiger war es, die Dame sofort, am besten nach f3, zurückzuziehen. Sie wird nun abgeschnitten und kann dem bedrohten König nicht mehr zu Hilfe kommen.

11. Sf6—d5!
12. Tf1—d1

Ebenfalls zu tadeln. Der gefährliche Springer sollte getauscht werden, obgleich die Lage für den König nach 12. Lc4×d5, Ta8—b8 13. Db7—c6, Tb8—b6 14. Dc6—a4, e6×d5 auch prekär wird.

12. Ta8—b8
13. Db7—c6 13. Dd8—h4
14. Sb1—c3

Der Sd7 ist wegen Dh4—g4+ nebst Dg4×d1+ unantastbar.

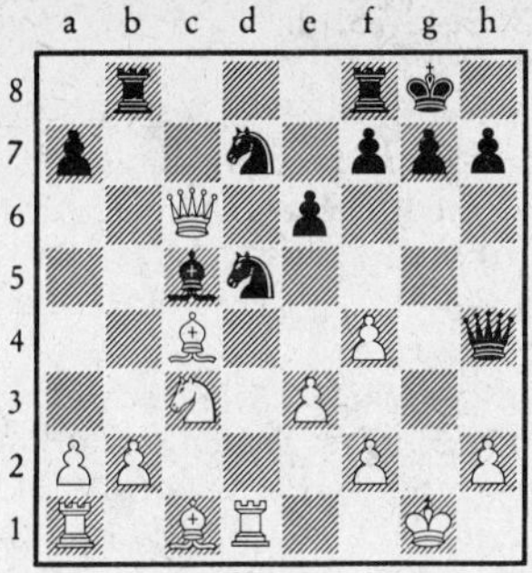

Weiß

14. Tb8—b6!

Der Auftakt eines glänzenden Manövers. Unter Aufgabe des Springers d7 vertreibt Bronstein die Dame von der langen Schrägen a8/h1 und opfert danach auch den zweiten Springer.

15. Dc6×d7 — 15. Sd5×f4!

Der köstliche Gedanke ist 16. e3×f4?, Dh4×f2+ 17. Kg1—h1, Df2—f3, ein problemartiges „Zweiläufermatt". Nun brennt das Königsschloß; vor allem droht 16. Sf4—h3+, und dagegen wäre 16. Lc4—f1 wegen 16. Dh4—g4+ 17. Kg1—h1, Dg4—f3+ 18. Kh1—g1, e6—e5 keine Hilfe. Weiß muß außerdem um den ungedeckten Läufer c4 besorgt sein (z. B. 16. Kg1—f1, Sf4—h3 mit Doppeldrohung gegen f2 und c4).

16. Sc3—e2 — 16. Sf4—h3+
17. Kg1—g2 — 17. Sh3×f2

Jetzt hätte 17. Dh4—g4+, um den König von dem Sh3 zu entfernen und dann c4 zu schlagen, wegen 18. Se2—g3 keinen Sinn.

18. Td1—d4

Er will den angriffslustigen Partner mit einem Qualitätsopfer „besänftigen". Im Falle von 18. Td1—f1 hätte 18. Sf2

—g4 19. h2—h3, Sg4—e5! die Figur mit überlegenem Spiel zurückgewonnen.

18. Sf2—g4!

Wird der Springer genommen, so fällt anschließend auch der Lc4. Also ist das Eindringen auf f2 oder h2 nicht mehr abzuwenden.

19. Td4—f4	19. Dh4×h2+
20. Kg2—f1	20. Lc5×e3

Nun darf der Sg4 wegen 21. Dh2—f2 matt nicht genommen werden. 21. Lc1×e3 wäre ebenfalls trostlos, wie 21. Sg4 ×e3+ 22. Kf1—e1, Se3—g2+ nebst Sg2×f4 beweist.

21. Lc4—d5	21. Le3×f4

Weiß gab auf. Wegen der Mattdrohung auf f2 darf er nicht wiederschlagen. Die Partie spricht gegen den Einschlag auf b7, der sich schon oft als verhängnisvoll erwiesen hat: Weiß gibt, um mit Dr. Tarrasch zu reden, „das Erstgeburtsrecht des Angriffs für einen Bauern“ her.

45. PARTIE

UdSSR-Meisterschaft, Leningrad 1960

Nimzowitsch-Indisch

Weiß — *Kortschnoj*	Schwarz — *Simagin*
1. c2—c4	1. e7—e6
2. Sb1—c3	2. Sg8—f6
3. d2—d4	3. Lf8—b4
4. Sg1—f3	4. b7—b6
5. Dd1—c2	

Vor allem kommt 5. Lc1—g5 in Frage, aber auch 5. e2—e3, wobei es zu dem Bauernopfer 5. Lc8—b7 6. Lf1—d3, Sf6 —e4 7. 0—0 kommen kann.

	5. Lc8—b7
6. a2—a3	6. Lb4×c3+
7. Dc2×c3	7. 0—0
8. e2—e3	8. d7—d6

9. b2—b4 9. Sb8—d7
10. Lc1—b2 10. Sf6—e4

Im Kampf um den Punkt e4, um den die Strategie in dieser Eröffnung kreist, ist Schwarz Sieger geblieben. In der Folge unternimmt Weiß zu wenig, um diesen Punkt zu kontrollieren.

11. Dc3—c2 11. f7—f5
12. Lf1—e2 12. Se4—g5
13. c4—c5

Die Rochade war wegen Tauschs auf f3 und Aufreißung des Königsflügels nicht angebracht; ebenso kam auch die Vorbereitung 13. Dc2—d1 kaum in Betracht, weil f5—f4 auch noch die f-Linie öffnet. Weiß setzt daher sein Manöver am Damenflügel fort, das sich letzten Endes als verfrüht herausstellt. Immerhin wird Schwarz so lange nicht auf f3 tauschen, wie ein Turm zur Besetzung der g-Linie bereitsteht.

13. Lb7—e4
14. Dc2—c3 14. Le4—d5

Das Feld e4 ist den Springern vorbehalten; der Läufer soll den d-Bauern blockieren.

15. c5—c6 15. Sg5—e4
16. Dc3—c2 16. Sd7—f6
17. 0—0

Dabei war der Weiße sich gewiß bewußt, daß er in einen Hexenkessel hineinrochierte. Er vertraute auf die Widerstandsfähigkeit seiner ungeschwächten Rochadestellung.

17. Dd8—e8
18. b4—b5 18. De8—h5
19. Dc2—d1 19. Dh5—h6
20. a3—a4

Nötig war 20. Sf3—d2.

20. Sf6—g4!

Das muß Kortschnoj unterschätzt haben. Er sieht sich plötzlich Drohungen wie Se4—d2, gefolgt von Ld5×f3, gegenüber und ist zu einem schwächenden Bauernzug gezwungen.

21. h2—h3

Weiß

Der Springer hat nur ein Rückzugsfeld...

21. Tf8—f6!

...das ihm der Turm auch noch nimmt!

22. h3×g4

Das führt geradenwegs in den Orkus. Die Defensivmaßnahme 22. Ta1—a3 versprach längeren, wenn auch auf die Dauer wohl erfolglosen Widerstand. Ein Beispiel: 22. Tf6—g6 23. Lb2—c1, Sg4—e5, und 24. d4×e5 wäre wegen 24. Dh5×h3 25. Sf3—e1, Se4—c3 verfehlt.

	22. f5×g4
23. Sf3—h2	23. Se4×f2!

Die Pointe des eleganten Opferspiels.

24. Tf1×f2

Natürlich nicht 24. Sh2×g4, Dh5—h1 matt.

24. g4—g3!

Der Tf2 muß stillhalten, weil auf den Feldern h2 und h1 ein Matt droht.

25. Sh2—g4	25. g3×f2+
26. Sg4×f2	26. Dh6×e3
27. Dd1—e1	27. Ta8—f8
28. Le2—f3	28. Tf6×f3!

Ein glänzendes Finale.

29. g2×f3	29. De3×f3
30. Kg1—f1	

30. De1—f1?, Df3—g3+.

	30. Ld5—c4+
31. Kf1—g1	31. Df3—g3+
32. Kg1—h1	32. Lc4—d5+
33. Sf2—e4	33. Tf8—f1+

Weiß gab wegen Matt in zwei Zügen auf. Diese Niederlage vermochte Kortschnoj freilich nicht zu erschüttern. Er gewann die Meisterschaft trotzdem und löste Petrosjan ab.

46. PARTIE

UdSSR-Meisterschaft, Leningrad 1960

Nimzowitsch-Indisch

Weiß — *Polugajevsky*	Schwarz — *Petrosjan*
1. d2—d4	1. Sg8—f6
2. c2—c4	2. e7—e6
3. Sb1—c3	3. Lf8—b4
4. e2—e3	4. 0—0
5. Lf1—d3	5. d7—d5
6. Sg1—f3	6. c7—c5
7. 0—0	7. d5×c4

Siehe „Lehrbuch", S. 487, wo auf das üblichere Verfahren 7. Sb8—c6 8. a2—a3 usf. hingewiesen wird. Außer dem hier geschehenen Zuge sind auch 7. Sb8—d7 und 7. b7—b6 anwendbar.

8. Ld3×c4	8. b7—b6
9. Dd1—e2	9. Lc8—b7
10. Tf1—d1	10. Sb8—d7

Eine Ungenauigkeit, die dem Gegner ein taktisches Mittel in die Hand gibt, den Lb4 auszusperren. Schwarz sollte auf d4 tauschen, z. B. 10. c5×d4 11. e3×d4, Lb4×c3 12. b2×c3, Sf6—d5, oder 11. Td1×d4, Dd8—e7. Am gefährlichsten scheint 11. Sc3—b5 zu sein, eine Idee von Bronstein.

Weiß

11. d4—d5!

Schwarz kann nun nicht vermeiden, daß die d-Linie sich öffnet und der Lb4 außer Spiel bleibt. Polugajevsky versteht es danach auf einfallsreiche Weise, sich einen energischen Angriff zu verschaffen.

	11. Lb4×c3
12. d5×e6	12. Lc3—a5
13. e6×d7	13. Dd8—c7

Natürlich nicht sofort 13. Sf6×d7 wegen 14. Lc4—b5.

14. e3—e4!

Ein feines Bauernopfer, das nicht angenommen werden darf. Man sehe: 14. Sf6×e4 15. Lc1—g5!, oder 14. Lb7×e4 15. Sf3—g5! In beiden Fällen verlöre das schwarze Spiel sofort seinen Halt.

	14. Sf6×d7
15. Sf3—g5	15. Ta8—d8

Guter Rat ist teuer. Weder 15. Sd7—e5 16. Lc1—f4 (h7—h6? 17. Sg5×f7, Tf8×f7 18. Lc4×f7+, Kg8×f7 19. De2—h5+) noch 15. Sd7—f6 16. e4—e5, Ta8—e8 17. e5—e6!, f7×e6 18. Sg5×e6 vermögen zu befriedigen.

16. Lc4×f7+!	16. Tf8×f7
17. Sg5—e6!	17. Dc7—c8

18. Se6×d8 18. Lb7—a6

Oder 18. Dc8×d8 19. e4—e5, Dd8—e8 20. e5—e6, Tf7—e7 21. e6×d7, und Weiß behält die Qualität mehr.

19. De2—e3 19. Tf7—e7

Wiederum wäre 19. Dc8×d8 20. e4—e5 aussichtslos. Petrosjans letzte Hoffnung liegt darin, den Sd8 „gratis" zu fangen.

20. De3—b3+! 20. c5—c4

21. Db3—a3 21. Sd7—c5

Nun ging 21. Dc8×d8 wegen 22. Lc1—g5 nicht.

22. Lc1—e3 22. Te7×e4

23. Le3×c5 23. Dc8×c5

24. Da3—f3!

Schwarz gab auf. Er ist nicht nur materiell im Nachteil, sondern außerdem tödlichen Drohungen ausgesetzt, wie 24. Te4—e7 25. Sd8—e6! oder 24. Dc5—e7 25. Sd8—c6! ausweist. So hat Petrosjan selten verloren! Er büßte mit der Niederlage kurz vor Schluß des Turniers auch seine Titelchancen ein. Altmeister P. Johner sprach in seiner Schachspalte in der „Neuen Zürcher Zeitung" vom „faszinierenden Elan" Polugajevskys.

47. PARTIE

Schacholympia, Leipzig 1960

Nimzowitsch-Indisch

Weiß — *Gligorić* (Jugoslawien) Schwarz — *Fischer* (USA)

1. d2—d4 1. Sg8—f6

2. c2—c4 2. e7—e6

3. Sb1—c3 3. Lf8—b4

4. e2—e3 4. 0—0

5. Lf1—d3 5. d7—d5

6. Sg1—f3 6. Sb8—c6

Fischer geht der „Normalvariante", die nach 6. c7—c5 entstünde, aus dem Wege.

7. 0—0 7. d5×c4

8. Ld3×c4	8. Lb4—d6

Schwarz will e6—e5 durchsetzen.

9. Sc3—b5	

Auch 9. Lc4—b5 hat sich bewährt. So bekam Weiß in der Partie Teschner — Dückstein, Zonenturnier Wageningen 1957, nach 9. e6—e5 10. Lb5×c6, e5×d4 11. e3×d4 (auch 11. Sf3×d4, b7×c6 12. e3—e4! ist gut), b7×c6 12. Lc1—g5, Tf8—e8 13. Tf1—e1, Te8×e1+ 14. Dd1×e1, Lc8—e6 15. Sf3—e5, Dd8—e8 16. Lg5×f6, g7×f6 usw. ein aussichtsreiches Endspiel.

	9. Ld6—e7
10. h2—h3	10. a7—a6
11. Sb5—c3	11. b7—b5

Weniger verspricht 11. Le7—d6 12. e3—e4, e6—e5 13. Lc1—e3, Taimanov — Fischer, Buenos Aires 1960.

12. Lc4—d3	12. Lc8—b7
13. Dd1—e2	13. Le7—d6

Von 13. Sc6—b4 14. Ld3—b1, c7—c5 15. Tf1—d1 hätte Schwarz nichts.

14. Tf1—d1	14. Dd8—e7
15. Ld3—b1	15. e6—e5
16. d4—d5	16. Sc6—d8
17. Sf3—g5	

Ein feines Manöver. Gligorić will den Punkt e4 für die Springer ausnützen und so den Abtausch des Ld6 durchsetzen.

	17. h7—h6
18. Sg5—e4	18. Sf6×e4
19. Sc3×e4	19. f7—f5

Der Kampf nimmt scharfe Formen an.

20. Se4×d6	20. c7×d6
21. a2—a4!	

Das hat Gligorić schon bei 15. Ld3—b1 im Auge gehabt. So wird der Turm a1 wirkungsvoll in Szene gesetzt. Bei 21. b5—b4 wäre der Bauer nach 22. a4—a5 sehr schwach. Verfehlt wäre 21. e3—e4 wegen f5—f4.

	21. b5×a4
22. Ta1×a4	22. Tf8—f6
23. Ta4—c4	23. e5—e4
24. b2—b4	24. Sd8—f7
25. Lc1—b2	25. Tf6—g6

Ein optimistischer Zug. Fischer hat die Antwort unterschätzt, die die Freilegung der Linie des Lb1 erzwingt. Seine Hoffnung auf Angriff geht nicht in Erfüllung — im Gegenteil, er hat bald Sorgen mit dem deplacierten Turm. Es mußte notwendigerweise 25. Sf7—e5 geschehen. Weiß hätte 26. Tc4—c1 erwidern und später Druck auf der langen dunklen Diagonalen ausüben können (etwa mit Lb2—d4 und De2—b2).

26. f2—f4!	26. e4×f3 e.p.

Nimmt Schwarz nicht, bliebe der Tg6 für lange Zeit außer Spiel.

27. De2×f3	27. Ta8—f8

Von 27. Sf7—g5 28. Df3×f5, De7×e3+ 29. Kg1—h1 hätte er gar nichts. Fischer sucht sein Heil in undurchsichtigen Abenteuern.

28. Lb1×f5	28. Sf7—g5
29. Df3—h5	29. Tf8×f5
30. Dh5×g6	30. Sg5×h3+

Der Springer ist wegen Tf5—g5+ nicht zu nehmen.

31. Kg1—h2	31. Tf5—g5 (s. Diagr.)

Die Lage hat sich dramatisch zugespitzt. Weder 32. Dg6—e6+, De7×e6 33. d5×e6, Sh3—f2 34. Td1—g1, Sf2—g4+ noch 32. Dg6—e4, De7×e4 33. Tc4×e4, Sh3—f2 verspricht mehr als Remis. Aber Gligorić ist auf der Höhe und klärt alles mit einem hübschen Zwischenmanöver.

32. Tc4—e4!	

Nun darf sich Schwarz auf 32. Tg5×g6 33. Te4×e7, Sh3—f2 34. Td1—d2, Sf2—g4+ 35. Kh2—g1 nicht einlassen, weil abgesehen von der bereits eingebüßten Qualität auch noch der Lb7 verlorenginge.

	32. De7—f8

(Nach dem 31. Zug)

33. Dg6—e8

Schwarz gab auf, weil 33. Sh3—f2 an 34. De8×f8+, Kg8 ×f8 35. Te4—f4+ scheitert. Die Partie bietet eine Probe kämpferisch betonten Schachs.

48. PARTIE

UdSSR-Meisterschaft, Moskau 1961

Nimzowitsch-Indisch

Weiß — *Bronstein*	Schwarz — *Geller*
1. d2—d4	1. Sg8—f6
2. c2—c4	2. e7—e6
3. Sb1—c3	3. Lf8—b4
4. a2—a3	

Der Sämisch-Angriff, gegen den Tal das System 4. Lb4×c3+ 5. b2×c3, Sf6—e4 6. e2—e3, c7—c5 mit zufriedenstellendem Ergebnis gegen Botwinnik (14. Matchpartie 1960) anwandte.

	4. Lb4×c3+
5. b2×c3	5. 0—0

Bei diesem ruhigen Zug hat Weiß Zeit, sein Spiel zu machen.

6. f2—f3	6. d7—d5
7. c4×d5	7. e6×d5
8. e2—e3	8. Lc8—f5
9. Sg1—e2	9. Sb8—d7
10. Se2—f4	10. c7—c5
11. Lf1—d3	11. Lf5×d3
12. Dd1×d3	12. Tf8—e8
13. 0—0	13. Ta8—c8
14. Ta1—b1	14. Dd8—a5

Geller sucht sich aus seiner Passivität zu lösen. Das Opfer des Bb7, bei dem er auf eine Aussperrung des schlagenden Turms spekulierte, erweist sich jedoch als Bumerang. Der Turm wird zur Hauptwaffe im Angriff.

15. Tb1×b7	15. Sd7—b6
16. g2—g4	16. h7—h6
17. h2—h4!	17. c5×d4
18. g4—g5	18. d4×e3!?

Schwarz setzt alles auf eine Karte. Allerdings versprach das Zurückgehen des Sf6 ebensowenig Rettung wie das Nehmen auf g5.

19. g5×f6	19. Tc8×c3

Weiß

Darauf hatte sich Geller verlassen. Er rechnete vor allem mit 20. Dd3—f5, e3—e2!

20. Dd3—g6!!

Ein glänzender Schlußzug. Entweder muß Schwarz das Matt auf g7 zulassen oder in 20. f7×g6 21. Tb7×g7+, Kg8—f8 (h8) 22. Sf4×g6 matt einwilligen. Unter Großmeistern keine alltägliche Begebenheit!

49. PARTIE

7. Partie im Revanchekampf um die Weltmeisterschaft, Moskau 1961

Nimzowitsch-Indisch

Weiß — *Botwinnik*	Schwarz — *Tal*
1. c2—c4	1. Sg8—f6
2. Sb1—c3	2. e7—e6
3. d2—d4	3. Lf8—b4
4. a2—a3	4. Lb4×c3+
5. b2×c3	5. b7—b6

Schwarz sucht Gegenspiel auf der Schrägen a6/f1.

6. f2—f3	6. Lc8—a6
7. e2—e4	7. d7—d5
8. c4×d5	

Weiß willigt in den Rochadeverlust ein; dabei pocht er auf seinen starken schwarzfeldrigen Läufer.

	8. La6×f1
9. Ke1×f1	9. e6×d5
10. Lc1—g5	

Die Theorie rechnet nur mit 10. e4—e5, Sf6—g8!, wobei Schwarz mit dem Manöver Dd7, Sb8—c6—a5 zu einem harmonischen Spiel kommt. Jetzt hingegen droht 10. e4—e5.

	10. h7—h6
11. Dd1—a4+	11. c7—c6
12. Lg5—h4!	

Ein feines Bauernopfer. Botwinnik hätte wohl mit 12. Lg5 ×f6, Dd8×f6 13. e4×d5 einen Bauern erobern können;

dann wäre aber Tal mit der kurzen Rochade selbst zum Angriff gekommen.

	12. d5×e4
13. Ta1—e1	13. g7—g5
14. Lh4—f2	14. Dd8—e7
15. Sg1—e2	15. b6—b5
16. Da4—c2	16. De7×a3
17. h2—h4!	

Weiß findet viele Anknüpfungspunkte und bringt seinen Gegner durch präzise Manöver aus dem Gleichgewicht.

	17. g5×h4
18. Lf2×h4	18. Sb8—d7
19. Se2—g3	19. 0—0—0

Für die Journalisten kommentierte hier Petrosjan, der Nachfolger Botwinniks auf dem Weltmeisterthron: „Tals Stellung ist verdächtig!"

20. Sg3×e4	20. Th8—e8
21. Kf1—f2!	

Botwinnik umgeht die Falle 21. Se4×f6, Te8×e1+ 22. Kf1 ×e1, Da3—a1+ 23. Dc2—d1, Da1×c3+.

21. Sf6×e4+

Weiß

(Nach dem 24. Zug von Weiß)

22. f3×e4	22. f7—f6
23. Te1—a1	23. Da3—e7
24. Ta1×a7!	

Trotz Damentauschs, den Schwarz erzwingen kann, nehmen nun die weißen Drohungen überhand. (S. Diagramm S. 153.)

24. De7×e4

Andernfalls gäbe es gegen Lh4—g3 überhaupt keine Verteidigung mehr.

25. Dc2×e4	25. Te8×e4
26. Ta7—a8+	26. Sd7—b8

Natürlich nicht 26. Kc8—c7 27. Lh4—g3+ und gewinnt.

27. Lh4—g3	27. Kc8—b7

Wenn Schwarz überhaupt noch spielen will, muß er alle diese Züge machen. Der Weltmeister befindet sich in einem Mattnetz.

28. Th1—a1

Mit der Drohung 29. Ta1—a7+, Kb7—b6 30. Lg3—c7 matt.

	28. Td8—c8
29. Ta8—a7+	29. Kb7—b6
30. Lg3×b8	

Diesen Läufer muß Tal am Leben lassen, weil 31. Ta1—a6 matt droht.

	30. b5—b4
31. Lb8—d6	31. b4×c3
32. Ld6—c5+	32. Kb6—b5
33. Ta1—a4	

Schwarz gab wegen undeckbaren Matts auf. In diesem Kampf, der Tal den 1960 errungenen Weltmeistertitel kostete, ließ er den früher gezeigten Ideenreichtum vermissen.

50. PARTIE

8. Matchpartie um die Weltmeisterschaft, Moskau 1960

Königsindisch (mit Zugumstellung)

Weiß — *Botwinnik*	Schwarz — *Tal*
1. d2—d4	1. Sg8—f6
2. c2—c4	2. e7—e6
3. Sg1—f3	3. c7—c5
4. d4—d5	4. e6×d5

Vom Blumenfeld-Gambit (4. b7—b5), das am besten mit 5. Lc1—g5 abgelehnt wird, hält Tal offenbar nicht viel.

5. c4×d5	5. g7—g6

Der Stellungstyp entspricht der Ben-Oni-Verteidigung, die bei 1. d2—d4, c7—c5 2. d4—d5 entsteht.

6. Sb1—c3	6. Lf8—g7
7. Lc1—g5	

Von d5—d6 versprach sich der Weiße nicht viel. Der Sb8 ginge dann nach c6, der Lc8 nach b7.

	7. 0—0

Mit 7. d7—d6 8. Sf3—d2 (für den Springer ist c4 das ideale Feld) 8. h7—h6 9. Lg5—h4, g6—g5 10. Lh4—g3, Sf6—h5 konnte es zu einer Stellung aus der 2. Matchpartie kommen.

8. e2—e3	

Botwinnik wählt einen sehr festen Aufbau und vermeidet den raumgreifenderen Vorstoß nach e4.

	8. Tf8—e8
9. Sf3—d2	9. d7—d6
10. Lf1—e2	10. a7—a6

Manche Spieler ziehen es vor, zunächst den Sb8 über a6 nach c7 zu bringen und erst danach den Vormarsch des Bb7 vorzusehen.

11. a2—a4	

Weiß wird den Schritt b7—b5, der Terrain am Damenflügel gewinnt und einen festen Bestandteil des schwarzen Spielplans bildet, nicht kampflos zulassen.

	11. Sb8—d7

12. 0—0 12. Dd8—c7
13. Dd1—c2 13. Sd7—b6
14. Le2—f3 14. c5—c4?!

Es ist Schwarz gelungen, dem weißen Springer das Feld c4 zu nehmen. Er nimmt bewußt den baldigen Verlust des Bc4 in Kauf, weil er auf wirkungsvolles Figurenspiel pocht. Wasjukov hat statt des gewagten Bauernzuges 14. Lc8—f5 15. e3—e4, Lf5—d7 16. a4—a5, Sb6—c8 empfohlen mit der Idee, den Sc8 über a7 und b5 ins Spiel zu bringen.

15. Lg5×f6 15. Lg7×f6
16. a4—a5 16. Sb6—d7
17. Sc3—e4 17. Lf6—e5
18. Dc2×c4

Aber nicht 18. Sd2×c4, b7—b5!

18. Dc7—d8
19. Dc4—a2

Näher lag 19. Dc4—b4, doch dürfte sich Weiß nach 19. b7—b5 kaum am Bd6 vergreifen, z. B. 20. Se4×d6, Dd8—e7 21. Sd2—e4, f7—f5 (Wasjukov).

19. f7—f5

Natürlich sucht Tal den Angriff, ermutigt durch die abseits stehende weiße Dame. Trotzdem hätte ein ruhigeres Vorgehen am Damenflügel, also b7—b5, dem Weißen mehr Mühe gemacht.

20. Se4—c3 20. g6—g5
21. Sd2—c4 21. g5—g4
22. Lf3—e2 22. Dd8—f6
23. Sc3—a4 23. Kg8—h8
24. g2—g3 24. h7—h5

Öffnung der h-Linie ist die einzige Chance.

25. f2—f4!

Bringt den ungestümen Vormarsch zum Stillstand; um so mehr, als 25. g4×f3 en passant 26. Tf1×f3 nebst 27. Ta1—f1 zu einem Rollentausch am Königsflügel geführt hätte.

25. Le5—d4
26. Da2—a3 26. Ta8—b8

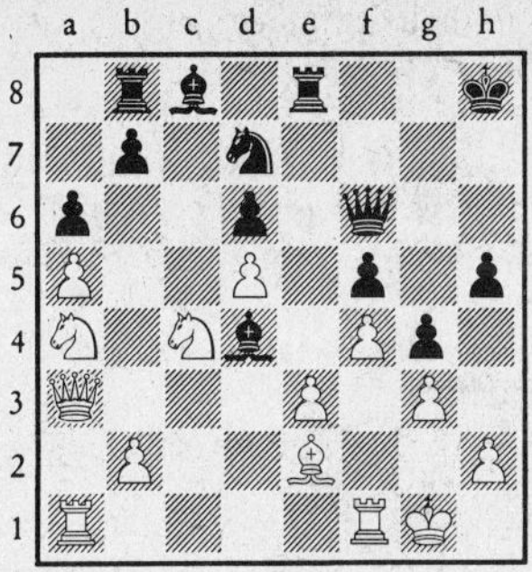

Weiß

27. Sa4—b6

Bis hierher hat Botwinnik beispielhaft manövriert. Nach der Partie hat aber Petrosjan nachgewiesen, daß das Schlagen des Läufers eine Gewinnstellung für Weiß ergäbe, z. B. 27. e3×d4!, Df6×d4+ 28. Tf1—f2, Te8×e2 29. Da3—c3!, und nach der Vereinfachung kann Schwarz den Bd6 nicht halten.

27. h5—h4

28. Ta1—d1

Immer noch war e3×d4 gut.

28. Ld4×b6

29. a5×b6

Sicherer war 29. Sc4×b6.

29. Sd7—c5

Tals Angriff lebt wieder auf.

30. g3×h4	30. Lc8—d7
31. Da3—c3	31. Df6×c3
32. b2×c3	32. Ld7—b5
33. Tf1—e1	33. Sc5—e4
34. Td1—c1?	

Beide Spieler waren in heftige Zeitnot geraten. Kein Wunder, daß sich Ungenauigkeiten einstellten. Botwinnik konnte seinen Vorteil festhalten, indem er 34. Td1—d4 spielte; wenn dann 34. Se4×c3, so 35. Le2—d3.

34. Tb8—c8?

Nun versäumt Tal die Gelegenheit, die Qualität zu gewinnen, die sich ihm in 34. Te8—c8! bot, z. B. 35. Sc4—a5, Lb5×e2 36. Te1×e2, Se4×c3, gefolgt von 37. Sc3—e2+!.

35. Sc4—a5	35. Lb5×e2
36. Te1×e2	36. Se4×c3
37. Tc1×c3	

Auch jetzt muß Weiß die Qualität geben, erhält aber dafür gefährliche Freibauern.

	37. Tc8×c3
38. Sa5×b7	38. Te8×e3

Weit zäheren Widerstand leistete 38. Te8—b8 39. Sb7×d6, Tc3—d3!

39. Te2×e3	39. Tc3×e3
40. Sb7×d6	40. Te3—d3

Wenn 40. Te3—b3, so 41. Sd6—c4 nebst d5—d6.

Weiß

Eine hochinteressante Abbruchstellung, die von zahlreichen Schachfreunden in aller Welt untersucht wurde. Welchen Abgabezug hatte Botwinnik gemacht?

Am nächsten lag 41. b6—b7, um nach 41. Td3—b3 den Bb7 mit dem Springer von d8 aus zu decken und dann den Bd5 nachzuziehen. Eine genaue Analyse zeigt aber, daß dann höchstens Schwarz gewinnt: 42. Sd6—f7+, Kh8—h7! 43. Sf7—d8, a6—a5 (der Gegentrumpf!) 44. d5—d6, a5—a4 45. d6—d7, a4—a3 46. Sd8—c6, a3—a2. Das Ausweichen des Königs nach h7 rettet den König vor späterem Schachgebot des Springers oder des sich umwandelnden Bauern und spart damit ein entscheidendes Tempo.

Nahe lag auch die sofortige Annäherung des Königs. Wie aber Aronin gezeigt hat, kann Schwarz auch dann die Partie retten: 41. Kg1—f2, Td3×d5 42. b6—b7, Td5—d2+ 43. Kf2—e3, Td2—b2 44. Ke3—d4, Kh8—h7 45. Kd4—c5, Kh7—g6 46. Kc5—c6, Kg6—h5! 47. Sd6×f5, Tb2—c2+ 48. Kc5—b6, Tc2×h2! usf.

41. Sd6—f7+!

Tal gab sofort auf. Jetzt geht 41. Kh8—h7 nicht, weil dann einer der beiden Bauern in die Dame ginge, 42. d5—d6 usw., auf 41. Kh8—g7 jedoch entscheidet ein späteres Springerschach, nämlich 42. b6—b7, Td3—b3 43. Sf7—d8, a6—a5 (im Falle von Kg7—f8 meldet sich der h-Bauer zum Wort) 44. d5—d6, a5—a4 45. d6—d7, a4—a3 46. Sd8—e6+ und Weiß kommt die berühmte Nasenlänge früher.

Das Endspiel war die große Stärke Botwinniks.

51. PARTIE

6. Matchpartie um die Weltmeisterschaft, Moskau 1960

Königsindisch

Weiß — *Botwinnik*	Schwarz — *Tal*
1. c2—c4	1. Sg8—f6
2. Sg1—f3	2. g7—g6
3. g2—g3	3. Lf8—g7
4. Lf1—g2	4. 0—0

5. d2—d4	5. d7—d6
6. Sb1—c3	6. Sb8—d7
7. 0—0	7. e7—e5
8. e2—e4	8. c7—c6
9. h2—h3	

Bereitet 10. Lc1—e3 vor.

9. Dd8—b6

Eine Idee, die von Konstantinopolsky stammt. Schwarz drückt gegen b2 und d4 und möchte eine Klärung im Zentrum herbeiführen. Früher tauschte man entweder sofort auf d4 oder machte Abwartezüge wie Te8, Dc7 oder a7—a5.

10. d4—d5	10. c6×d5
11. c4×d5	11. Sd7—c5
12. Sf3—e1	

Um den Be4 zu decken und den Sc5 abzutauschen.

	12. Lc8—d7
13. Se1—d3	13. Sc5×d3
14. Dd1×d3	14. Tf8—c8
15. Ta1—b1	15. Sf6—h5

Nicht nur ein Räumungszug, um eventuell den f-Bauern vorrücken zu können. Tal hat einen erstaunlichen Hintergedanken. Seine große Stärke bestand überhaupt darin, in scheinbar eintönigen Stellungen das Brett mit verblüffenden Wendungen in Brand zu stecken.

16. Lc1—e3	16. Db6—b4
17. Dd3—e2	

Botwinnik visiert den Sh5 an, damit nach 17. f7—f5 18. e4×f5 der Läufer zurücknehmen muß.

	17. Tc8—c4
18. Tf1—c1	18. Ta8—c8
19. Kg1—h2	

Natürlich ging 19. Le3×a7 nicht wegen b7—b6 20. De2—e3, Tc4—c5. Von 19. a2—a3, Db4—a5 hat sich der damalige Weltmeister auch nicht viel versprochen; daher der positionelle Sicherungszug.

19. f7—f5!

Der Beginn eines echt Talschen Figurentanzes. Es zeigt sich zwar, daß das Gleichgewicht der Stellung noch nicht gestört ist. Aber Tal versteht es, seinen Gegner vor schwere Probleme zu stellen.

20. e4×f5 20. Ld7×f5

21. Tb1—a1

Weiß

21. Sh5—f4!

Schwarz gibt den Springer für einen Bauern mit der Idee, den Zusammenhang der weißen Stellung zu stören und die eigenen Streitkräfte zu einem Höchstmaß an Wirkungskraft zu bringen.

22. g3×f4

Eine Ablehnung des Opfers kommt nicht in Betracht, denn Schwarz tauschte dann den Lg2 ab und hätte die Trümpfe in der Hand.

22. e5×f4

23. Le3—d2

Nicht 23. Le3×a7 wegen Db4—a5; auch der Zwischenzug 23. a2—a3, Db4—b3 24. Le3×a7 verbessert die Lage nicht; es käme 24. b7—b6.

23. Db4×b2

Tal mußte gesehen haben, daß nun 24. Sc3—d1 an Db2—e5! scheitert, falls dann 25. Lg2—f3, so De5×e2 26. Lf3×e2, Tc4—c2! mit Rückeroberung der Figur.

24. Ta1—b1!

Mit der Idee 24. Lf5×b1 25. Tc1×b1, Db2—c2 (Da3 26. Tb3) 26. Lg2—e4, Tc4×e4 27. De2×e4, Dc2×d2 28. De4—e6+ und gewinnt.

24. f4—f3!

Ein witziger Zwischenzug. In dieser sinnverwirrenden Situation greift Botwinnik fehl; er hat die Folgen des 26. Zuges von Schwarz nicht richtig eingeschätzt.

25. Tb1×b2?

Richtig war 25. Le2×f3, Lg7—e5+ 26. Kh2—g2 (falsch hingegen 26. De2×e5, Db2×d2 und Rückeroberung der Figur), Lf5×b1 27. Tc1×b1, Db2—c2 28. Tb1—c1, Dc2—b2 (nicht nach f5 wegen 29. Lf3—g4) 29. Tc1—b1, und die Partie wird durch Zugwiederholung unentschieden.

25. f3×e2

26. Tb2—b3

Noch immer besitzt Weiß eine Figur mehr. Mit Hilfe seines starken Freibauern erzwingt Tal ihren Rückgewinn und lenkt in ein äußerst vorteilhaftes Endspiel ein.

26. Tc4—d4!

27. Ld2—e1

Wenn 27. Ld2—e3, so Tc8×c3 28. Tb3×c3, Td4—d1.

27. Lg7—e5+

28. Kh2—g1 28. Le5—f4

Einfacher war 28. Tc8×c3 29. Tb3×c3, Td4—d1 30. Tc3—c7, Le5—f4 mit Rückgewinn des Turms. Tals Gewinnmethode genügt allerdings auch.

29. Sc3×e2 29. Tc8×c1

30. Se2×d4

Wenn 30. Se2×c1, so Td4—d1.

30. Tc1×e1+

31. Lg2—f1 31. Lf5—e4!

32. Sd4—e2

Der Tb3 muß Feld d3 decken und kann deshalb Bd5 nicht verteidigen. Die Partie ist entschieden.

	32. Lf4—e5
33. f2—f4	33. Le5—f6
34. Tb3×b7	34. Le4×d5
35. Tb7—c7	

Ba7 ist wegen Te1×e2, gefolgt von Lf6—d4+, nicht anzutasten.

	35. Ld5×a2
36. Tc7×a7	36. La2—c4

Jetzt geht 36. Te1×e2 nicht wegen 37. Ta7—a8+.

37. Ta7—a8+	37. Kg8—f7
38. Ta8—a7+	38. Kf7—e6
39. Ta7—a3	39. d6—d5
40. Kg1—f2	40. Lf6—h4+
41. Kf2—g2	41. Ke6—d6
42. Se2—g3	42. Lh4×g3

Tal lenkt in ein leicht gewonnenes Turmendspiel ein.

43. Lf1×c4	43. d5×c4
44. Kg2×g3	44. Kd6—d5
45. Ta3—a7	45. c4—c3
46. Ta7—c7	46. Kd5—d4

Weiß gab noch den Zug 47. Tc7—d7+ ins Kuvert, nahm jedoch die Partie nicht mehr auf. Der König versteckt sich vor den Schachgeboten auf c1, dann rückt der Bauer nach c2 vor und schließlich macht der König wieder Platz. Weiß gab auf. Die sensationellste Partie des Wettkampfes.

52. PARTIE

Zonenturnier, Madrid 1960

Königsindisch

Weiß — *O'Kelly*	Schwarz — *Gligorić*
1. d2—d4	1. Sg8—f6
2. c2—c4	2. g7—g6
3. Sb1—c3	3. Lf8—g7

Gligorić kennt dieses Verteidigungssystem wie kaum ein anderer; er hat sich ganz darauf spezialisiert.

4. e2—e4	4. d7—d6
5. Sg1—f3	

Sehr beliebt ist der Sämisch-Aufbau 5. f2—f3 (siehe „Lehrbuch“, S. 498).

	5. 0—0
6. Lf1—e2	6. e7—e5
7. d4—d5	

Von 7. d4×e5, d6×e5 8. Sf3×e5, Sf6×e4! hätte Weiß nichts. Auf 7. 0—0 antwortet Schwarz Sb8—c6.

	7. Sb8—d7
8. Lc1—g5	8. h7—h6
9. Lg5—h4	9. g6—g5

Diese Abdrängungsidee hat Gligorić in vielen Kämpfen als gut spielbar nachgewiesen.

10. Lh4—g3	10. Sf6—h5
11. 0—0	11. Sh5—f4
12. Sf3—d2	12. Sd7—c5!
13. b2—b4	

Solider ist 13. Sd2—b3. Der von O’Kelly geplante Bauernvorstoß am Damenflügel bleibt im Ansatz stecken. Auf 13. Le2—g4 ist Sc5×e4 nebst f7—f5 möglich.

	13. Sc5—d3
14. a2—a3	14. Sf4×e2+
15. Dd1×e2	15. Sd3—f4

Nimmt Weiß nun auf f4, schlägt der e-Bauer zurück; der Lg7 erwacht zum Leben, und die Öffnung der e-Linie gäbe zusätzliche Möglichkeiten für Schwarz (in Verbindung mit f7—f5).

16. De2—d1	16. h6—h5!
17. f2—f3	17. g5—g4

Stellungen dieser Art behandelt Gligorić unübertrefflich.

18. f3×g4	18. Lc8×g4
19. Dd1—c2	19. Lg7—h6
20. Lg3×f4	

Es entsteht ein interessantes Kampfthema: zwei Springer gegen zwei Läufer! Wie so oft, erweisen sich die Läufer als gefährlicher. Weiß hätte mit dem Tausch noch warten und zunächst 20. Sd2—f3 spielen sollen.

	20. Lh6×f4
21. Dc2—d3	21. f7—f5
22. e4×f5	22. Lg4×f5
23. Sd2—e4	23. Dd8—h4

Zwingt den Gegner in eine unbequeme Fesselung.

24. g2—g3	24. Dh4—g4
25. Ta1—a2	25. Tf8—f7
26. Ta2—f2	26. Ta8—f8
27. Kg1—h1	27. Lf4—h6

Der beiderseitige Aufmarsch auf der f-Linie ist recht amüsant; es zeigt sich, daß Gligorić die Stellung besser beurteilt hat: Sein Konterpart kann sich plötzlich kaum noch bewegen, weil er immer mit Lf5×e4+ rechnen muß; er kann auch die Dame nicht zum Tausch stellen, weil er dann, wie leicht ersichtlich, eine Figur einbüßt. Praktisch bleiben nur noch Königszüge — eine merkwürdige Zwangslage bei vollem Brett!

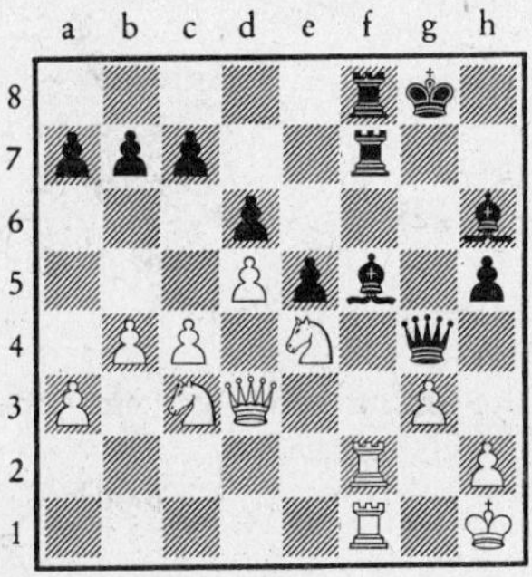

Weiß

28. Kh1—g1	28. Dg4—g6

Schwarz weiß seine Lage noch zu verbessern, während der Gegner ausharren muß.

29. Kg1—h1	29. Kg8—g7!

Ein feiner Tempozug. Falls nämlich jetzt 30. Dd3—e2, so Lf5—g4 31. Tf2×f7+, Tf8×f7 32. Tf1×f7+, Dg6×f7 33. De2—d3, Lh6—e3 mit undeckbarem Matt!

30. Kh1—g2	30. h5—h4
31. Dd3—e2	31. Lh6—f4
32. De2—d3	32. Kg7—g8!

Zugzwang!

33. Kg2—h1	33. h4×g3
34. h2×g3	34. Tf7—h7+
35. Tf2—h2	35. Th7×h2+
36. Kh1×h2	36. Dg6—h6+

Weiß gab auf, denn 37. Kh2—g1, Lf4—e3+ hätte keine Aussichten mehr gelassen. Eine Partie von großer Eigenart.

53. PARTIE

Zonenturnier, Berg en Dal 1960

Königsindisch

Weiß — *Teschner*	Schwarz — *Sköld*
1. d2—d4	1. Sg8—f6
2. c2—c4	2. g7—g6
3. Sb1—c3	3. Lf8—g7
4. e2—e4	4. 0—0
5. Sg1—f3	5. c7—c5
6. d4—d5	

Die verschachtelte Stellung im Zentrum trifft man auch in der Ben-Oni-Verteidigung an.

	6. d7—d6
7. Lf1—e2	7. Lc8—g4

Stellt sich als Tempoverlust heraus.

8. 0—0	8. e7—e6
9. d5×e6	9. Lg4×e6

Falls 9. f7×e6, so 10. e4—e5. Der Punkt e6 wird schwach.

10. Lc1—f4

Nun ist wiederum d6 angreifbar geworden.

10. Sf6—e8

11. e4—e5 11. Sb8—c6

12. e5×d6 12. h7—h6!

Ein interessanter Einfall, dem wohl am richtigsten mit 13. Sc3—b5, g6—g5 14. Lf4—e3 begegnet worden wäre.

13. Sc3—d5 13. g6—g5

Natürlich nicht 13. Se8×d6 14. Lf4×d6, Dd8×d6 15. Sd5—f6+. Wenn Schwarz den Bauern zurückhaben will, muß er eine Lockerung in Kauf nehmen.

14. Lf4—g3 14. f7—f5

15. Sd5—e7+!

Nicht etwa 15. Sd5—c7, Se8×c7 16. d6×c7, Dd8×d1, gefolgt von f5—f4.

15. Sc6×e7

16. d6×e7 16. Dd8×e7

17. Lg3—e5 17. g5—g4

18. Le5×g7 18. De7×g7

19. Sf3—h4 19. Dg7—g5

Auf 19. Dg7×b2 käme 20. Sh4—g6, Tf8—f6 (Tf8—f7 21. Sg6—f4) 21. Ta1—b1, Db2—d4 22. Sg6—e7+ nebst Tb1×b7.

20. g2—g3 20. Ta8—d8

21. Dd1—e1 21. Se8—g7

Wenn f5—f4, so 22. Le2—d3, Se8—g7 23. De1—e4.

22. Sh4—g2 22. Le6—f7

Nicht Sg7—h5 wegen 23. Le2×g4.

23. Sg2—f4 23. Td8—d4

24. Ta1—d1 24. Tf8—d8

Nötig war 24. b7—b6, obwohl der Weiße nach 25. Td1×d4 Stellungsvorteil behält.

25. De1—a5!

Erzwingt die Öffnung des Spiels.

25. Dg5—e7

26. Da5×a7 26. Td4×d1
27. Le2×d1 27. Le6×c4
28. Ld1—b3 28. Lc4×b3
29. a2×b3 29. De7—f7

Auf 29. De7—c7 geschähe 30. Tf1—c1.

30. Da7—b6!

Das Eindringen auf h6 entscheidet nun rasch.

30. Td8—d2
31. Db6×h6 31. Df7—d7

Oder 31. Td2×b2 32. Tf1—a1.

32. Sf4—g6 32. Dd7—d6

Weiß

33. Sg6—e7+!

Weiß benützt die Tatsache, daß die Dd6 den Td2 decken muß, zu einem weiteren Bauerngewinn und Einlenken in ein gewonnenes Endspiel.

33. Kg8—f7
34. Dh6×g7+

Ein schulmäßiges Scheinopfer.

34. Kf7×g7
35. Se7×f5+ 35. Kg7—g6
36. Sf5×d6 36. Td2×d6

37. Tf1—c1	37. Td6—d3
38. Tc1—c3	38. Td3—d1+
39. Kg1—g2	39. b7—b6
40. b3—b4	40. Td1—d5
41. b4×c5	41. b6×c5
42. Tc3—c4	42. Kg6—g5
43. h2—h3	

Weiß verschafft sich zwei verbundene Freibauern, die im Turmendspiel mit wenigen Ausnahmen immer gewinnen.

	43. g4×h3+
44. Kg2×h3	44. Kg5—f5
45. f2—f4	45. Kf5—e6
46. Kh3—h4	46. Ke6—d6
47. b2—b4	

Schwarz gab auf. Fast bedauert man, daß der ideenreichen Partieanlage Skölds kein besseres Schicksal beschieden war.

54. PARTIE

UdSSR-Meisterschaft, Moskau 1961

Königsindisch

Weiß — *Spaßky*	Schwarz — *Bronstein*
1. d2—d4	1. Sg8—f6
2. Sg1—f3	2. g7—g6
3. g2—g3	3. Lf8—g7
4. Lf1—g2	

Spaßky wählt einen ungebräuchlichen Aufbau, bei dem er auf den Einsatz des c-Bauern verzichtet.

	4. 0—0
5. 0—0	5. d7—d6
6. Sb1—c3	6. d6—d5

Wegen des Tempoverlusts von vornherein verdächtig. In der Regel sieht man hier 6. Sb8—d7, gefolgt von e7—e5.

7. Lc1—g5	7. c7—c6
8. Tf1—e1!	

Der e-Bauer soll nach e4 vorstoßen.

8. Sf6—e4

Schwarz will das nicht zulassen, gerät aber bei seinen Bestrebungen mit der Entwicklung des Damenflügels arg ins Hintertreffen.

9. Sc3×e4	9. d5×e4
10. Sf3—d2	10. e4—e3

Die normale Fortsetzung 10. f7—f5 wird ihm wegen 11. c2—c3! und baldigem f2—f3 nicht zugesagt haben.

11. Lg5×e3	11. Lg7×d4
12. Le3×d4	12. Dd8×d4
13. c2—c3	13. Dd4—c5

Das Feld g7 war für die Dame geeigneter.

14. Sd2—e4	14. Dc5—b6
15. Dd1—d2	15. Lc8—f5
16. Se4—g5	16. Tf8—d8

Der Zug 16. f7—f6 hätte mehr Schutz versprochen.

17. Dd2—f4!	17. e7—e5

Falls 17. f7—f6, so 18. Df4—c4+!, und wenn 17. h7—h6, sogar 18. Sg5×f7!, Kg8×f7 19. e2—e4.

Das Bauernopfer bewährt sich allerdings auch nicht.

18. Df4×e5	18. h7—h6
19. e2—e4!	

Spaßky findet stets die kräftigsten Gegenstöße.

19. Lf5—c8 (s. Diagr.)

Unvermeidliche, wenn auch äußerst traurige Rückentwicklung. Bei 19. h6×g5 20. e4×f5 wäre die Königsburg nur noch eine Ruine gewesen.

20. Sg5×f7!

Ein Opfer auf weite Sicht. Bei dem unentwickelten Flügel von Schwarz wird der Entschluß nicht schwergefallen sein.

20. Kg8×f7

21. Te1—e3	21. Kf7—g8

21. Sb8—d7 verbietet sich wegen 22. Te3—f3+, Kf7—g8 23. De5—e6+.

22. Lg2—f1!

Weiß

(Nach dem 19. Zug)

Aus dem Hinterhalt! Die Schachdrohung auf c4 ist zuviel für Schwarz.

	22. Td8—d7
23. De5—e8+	23. Kg8—g7
24. Te3—f3	24. Db6—c5
25. Ta1—d1!	

Ein geistreicher Zug folgt dem anderen. Der Turm ist wegen Matts auf f7 nicht zu nehmen.

	25. h6—h5
26. Td1×d7+	26. Sb8×d7
27. Tf3—f7+	27. Kg7—h6
28. De8—h8+	28. Kh6—g5
29. h2—h4+	

Schwarz gab auf: einen Zug vor dem Matt (29. Kg5—g4 30. Tf7—f4 matt)!

55. PARTIE

USA-Meisterschaft, New York 1964

Königsindisch

Weiß — *R. Byrne*	Schwarz — *Fischer*
1. d2—d4	1. Sg8—f6
2. c2—c4	2. g7—g6
3. g2—g3	3. c7—c6
4. Lf1—g2	4. d7—d5
5. c4×d5	

Offenbar wollte Weiß die Eventualdrohung d5×c4 loswerden; dieser Tausch erleichtert allerdings die Entwicklung des Nachziehenden (Feld c6 für den Springer).

	5. c6×d5
6. Sb1—c3	6. Lf8—g7

7. e2—e3. Natürlicher sieht 7. Sg1—f3 aus.

	7. 0—0
8. Sg1—e2	8. Sb8—c6
9. 0—0	9. b7—b6
10. b2—b3	10. Lc8—a6!

Sobald es gelungen ist, den Damenläufer zu betätigen, hat Schwarz das Eröffnungsproblem gelöst.

11. Lc1—a3

Näher lag 11. Tf1—e1, denn 11. Sc6—b4 12. Se2—f4, g6—g5 war wegen 13. a2—a3! keine Gefahr.

	11. Tf8—e8
12. Dd1—d2	12. e7—e5

„Bobby“ Fischer, der amerikanische Champion, fühlt sich infolge der betont ruhigen Eröffnungsbehandlung seines Partners ermuntert, die Führung zu übernehmen.

13. d4×e5

Weiß will nicht zulassen, daß nach e5—e4 der Punkt f3 schwach wird, und hofft auch, die Schwäche des Bauern d5 wahrnehmen zu können.

	13. Sc6×e5
14. Tf1—d1	

Die „Deutsche Schachzeitung“ schlägt vor, mit 14. Se2—f4?!, La6×f1 15. Ta1×f1 die Qualität für den Bd5 preiszugeben. Mit dem Läuferpaar könnte Weiß einigen Druck ausüben.

14. Se5—d3!

15. Dd2—c2

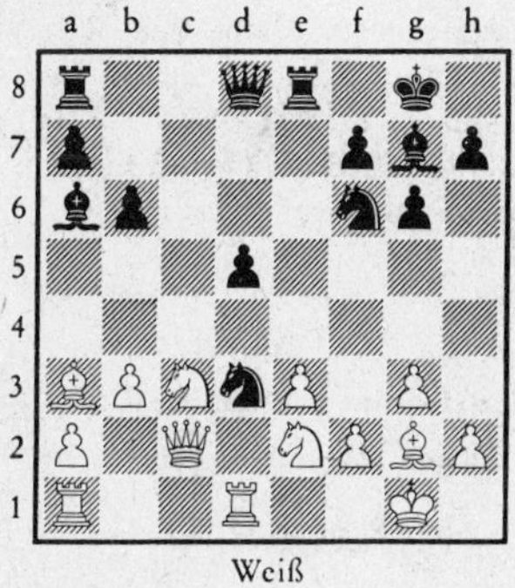

Es ist verständlich, daß Weiß den lästigen Eindringling möglichst gleich wieder vertreiben will. Das verhältnismäßig geringste Übel scheint 15. f2—f3 zu sein, weil ja der Schwäche e3 die Schwäche d5 gegenübersteht (wenn dann 15. Lg7—h6, so 16. f3—f4). Zu untersuchen ist auch 15. Se2—c1, während 15. Se2—d4, Sf6—e4 16. Sc3×e4, d5×e4 unersprießlich wäre.

15. Sd3×f2!

Die Flucht nach vorn! Mit einigen Keulenschlägen zertrümmert Fischer die weiße Königsbastion.

16. Kg1×f2	16. Sf6—g4+
17. Kf2—g1	17. Sg4×e3
18. Dc2—d2	18. Se3×g2!

Nach dem Verschwinden des Schutzläufers öffnen sich herrliche weißfeldrige Zugstraßen in die weiße Stellung. Der Turm auf d1 ist demgegenüber bedeutungslos.

19. Kg1×g2	19. d5—d4!
20. Se2×d4	20. La6—b7+
21. Kg2—f1	

Erzwungen. 21. Kg2—g1 scheitert an der Ablenkungskombination 21. Lg7×d4+ 22. Dd2×d4, Te8—e1+!

21. Dd8—d7!

Weiß gab auf, weil er der Dame den Weg nach h3 nicht mehr abschneiden kann. Schade; den brillanten Schluß 22. Dd2—f2, Dd7—h3+ 23. Kf1—g1, Te8—e1+!! 24. Td1×e1, Lg7×d4 25. Df2×d4, Dh3—g2 matt hätte man dem Publikum vorführen sollen.

56. PARTIE

Interzonenturnier, Amsterdam 1964

Königsindisch (mit Zugumstellung)

Weiß — *Darga*	Schwarz — *Evans*
1. Sg1—f3	1. Sg8—f6
2. c2—c4	2. c7—c5
3. Sb1—c3	3. Sb8—c6
4. e2—e3	4. g7—g6
5. d2—d4	5. Lf8—g7
6. d4—d5	6. Sc6—a5

Schwarz wäre besser beraten, mit dem Springer auf das Ausgangsfeld zurückzugehen. Auf a5 steht er nur gut, wenn er eine Aktivität am Damenflügel unterstützt, die im Druck gegen c4 bestehen kann oder in dem Manöver a7—a6 und b7—b5. Beides ist hier nicht der Fall.

7. e3—e4	7. d7—d6
8. Lf1—d3	8. 0—0
9. 0—0	9. e7—e5
10. Sf3—e1	10. Sf6—e8

Beide wollen ihren f-Bauern in den Kampf werfen. Weiß ist dafür wohlvorbereitet; bei Schwarz bestehen wegen des Abseits-Springers Bedenken.

11. f2—f4 11. f7—f5

Im Sinne der ersten Anmerkung spricht manches für das Manöver 11. e5×f4 12. Lc1×f4, a7—a6, gefolgt von Lc8—d7 und b7—b5.

12. Dd1—c2!

Wie sich gleich zeigt, ein Bauernopfer, das von einer tiefen Stellungsbeurteilung Dargas zeugt.

12. e5×f4

13. Lc1×f4 13. Lg7—d4+

14. Kg1—h1 14. Ld4×c3

15. Dc2×c3 15. f5×e4

16. Ld3—e2!

Auf e4 darf Weiß nicht wiedernehmen. Er wäre in eine Falle geraten: 16. Ld3×e4?, g6—g5! 17. Dc3—g3, Se8—g7! usw.

16. Dd8—f6

17. Dc3—d2

Keinesfalls 17. Dc3×a5, Df6×b2.

17. b7—b6

Mit 17. g6—g5 ist Schwarz wegen 18. Lf4—e3! nicht gedient (der Läufer soll notfalls auf g1 zwischengehen).

18. Se1—c2!

Mit einem zweiten Bauernopfer läßt Darga seinen Angriff wiederaufleben. Er droht 19. Lf4—h6.

18. Df6×b2

Guter Rat ist teuer. Auf 18. Se8—g7 wäre 19. Lf4—g5, Df6—e5 20. Tf1×f8+, Kg8×f8 21. Ta1—f1+, Kf8—g8 22. Lg5—f6, De5—e8 23. Dd2—h6 mit sofortiger Entscheidung gekommen.

19. Ta1—b1 19. e4—e3

Eine giftige Pointe, aber Darga verfügt über ein Gegengift.

20. Dd2×e3! 20. Db2×c2

21. Lf4—h6!

Einst hantierte der Schwarze mit Mattdrohungen auf f1, nunmehr revanchiert sich Weiß mit solchen auf f8.

21. Lc8—f5

Praktisch erzwungen. Vorheriger Tausch auf f1 hätte die Lage verschlimmert, wie 21. Tf8×f1+ 22. Tb1×f1, Se8—g7 23. De3—e8+!! bzw. 22. Lc8—f5 23. De3—e7 zeigt.

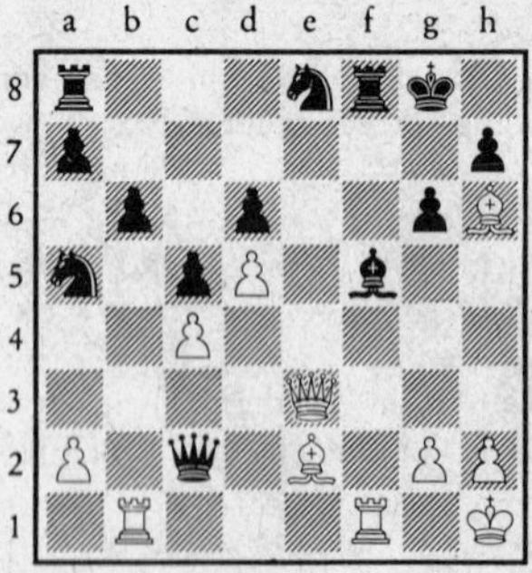

Weiß

22. Le2—d3!

Reizende Wendungen. Schwarz muß hier auf 22. Sa5×c4 unter anderem wegen 23. De3—e6+ verzichten und auf 22. Dc2×a2 wegen 23. Ld3×f5, Tf8×f5 24. De3—e7 mit der Absicht 25. De7—f8+.

	22. Dc2×b1
23. Ld3×b1	23. Se8—g7

Rein materiell gesehen, ist Schwarz kaum im Nachteil (Turm, Springer und Bauer für die Dame). Die offene Königsstellung aber erhebt die weiße Dame zu einer Großmacht.

24. Lh6×g7	24. Kg8×g7
25. Lb1×f5	25. g6×f5
26. De3—g3+	26. Kg7—h8
27. Dg3—c3+	27. Kh8—g8
28. Tf1—e1	28. Ta8—e8
29. Te1—e6	29. Te8×e6
30. d5×e6	30. Sa5—c6

Die Rückkehr ist gelungen; zum Wort kommt er nicht mehr.

31. Dc3—g3+	31. Kg8—h8
32. Dg3×d6!	

Der letzte Geistesblitz. Schwarz gab auf, weil er sah, daß er die Schwäche der weißen Grundreihe nicht ausnützen kann: 32. Tf8—d8 33. Dd6×d8!, Sc6×d8 34. e6—e7 und der Bauer ist nicht aufzuhalten! Eine von Darga sehr einfallsreich gespielte Partie; ein wertvoller Sieg gegen einen der stärksten amerikanischen Großmeister.

57. PARTIE

Europa-Mannschaftsmeisterschaft, Hamburg 1965

Königsindisch

Weiß — *L. Schmid* (Bundesrep. Deutschland)	Schwarz — *Langeweg* (Niederlande)
1. c2—c4	1. Sg8—f6
2. Sb1—c3	2. d7—d6
3. d2—d4	3. Sb8—d7
4. e2—e4	4. e7—e5
5. Sg1—e2	5. c7—c6
6. g2—g3	6. g7—g6
7. Lf1—g2	7. Lf8—g7
8. 0—0	8. 0—0
9. h2—h3	9. Tf8—e8

Schwarz steht zwar gedrückt, aber doch ziemlich fest. Das schwarze Spiel stellt hohe Anforderungen. Spieler wie Gligorić oder Geller, die als Spezialisten dieser Verteidigung anzusehen sind, verstehen es, geschickt zu manövrieren und jede Chance eines Gegenspiels wahrzunehmen. Jedermanns Sache ist das nicht.

10. Lc1—e3	10. e5×d4

Damit konnte Schwarz noch warten; er will e4 angreifen.

11. Sf3×d4	11. Sd7—c5

12. Dd1—c2 12. a7—a5
13. Ta1—d1 13. Sf6—d7

Von der Stellung des Springers auf c5 hängt viel ab.

14. Sd4—b3 14. Dd8—c7
15. Td1—d2 15. b7—b6

Es ist nicht ganz sicher, ob das nötig war. Die Schwächung des Punktes c6 ist ein gewichtiges Zugeständnis.

16. Sb3—d4!

Jetzt leistet der Springer hier wieder — im Hinblick auf den Punkt c6 — Arbeit. Außerdem wird der b-Bauer frei.

16. a5—a4

Erleichtert ein Vorgehen am Damenflügel. Weiß hätte allerdings auf jeden Fall b2—b3, a2—a3 und b3—b4 durchsetzen können (nicht aber sogleich a2—a3 wegen a5—a4).

17. b2—b4!

Verführerisch, aber ungünstig wäre 17. Sd4×c6?, Lg7×c3! 18. b2×c3, Lc8—b7! mit guten Gegenchancen.

17. a4×b3 e.p.

18. a2×b3 18. Lc8—b7
19. Tf1—d1 19. Lg7—f8

Ein schwerwiegendes Zugeständnis. Schwarz hat sich völlig in die Defensive drängen lassen. Der Sinn dieses Aufbaus ist das nicht!

20. b3—b4 20. Sc5—e6
21. Sd4—e2!

„Nicht tauschen, wenn der Gegner an Raumnot leidet!“ ist eine wichtige Maxime.

21. Ta8—a3

22. f2—f4 22. Lf8—e7
23. e4—e5

Das Handgemenge beginnt.

23. Se6—f8

Noch kann er standhalten, weil der Le3 keine Deckung hat.

24. Dc2—b2 24. Ta3—a8
25. e5×d6 25. Le7×d6
26. Td2×d6 26. Te8×e3

27. Sc3—e4!

Legt den Finger auf die Wunde f6. Für den Lernenden ist interessant, wie die zentral postierten weißen Figuren an Kraft gewinnen. Schwarz muß schon mit 28. Td6×d7, Sf8×d7 29. Td1×d7, Dc7×d7 30. Se4—f6+ rechnen.

27. Lb7—c8

Weiß

Geht nicht auch jetzt 28. Td6×d7? Schmid war damit nicht zufrieden, weil es nach 28. Sf8×d7 29. Td1×d7, Lc8×d7 30. Se4—f6+, Kg8—f8! keine klare Fortsetzung gibt, z. B. 31. Sf6×d7+, Dc7×d7 32. Db2—h8+, Kf8—e7 33. Dh8×a8, Te3×e2! Schmid betrachtete die Stellung nach 30. Se4—f6+ und sah, daß sein Springer dann das Feld d5 braucht.

28. b4—b5!!

So entscheidet also schließlich doch die Schwäche des Feldes c6.

28. c6×b5

Der Punkt c6 ist nicht zu halten.

29. Td6×d7!

Nun läuft alles wie am Schnürchen.

29. Sf8×d7

30. Td1×d7 30. Lc8×d7

31. Se4—f6+	31. Kg8—f8
32. Sf6—d5!	

Schwarz gab auf, denn er kann nicht zugleich die Mattdrohung auf h8 und den Angriff auf die Dame abwehren. Eine Schlußwendung, die die scharfsinnige Kombinationskunst Schmids in hellem Lichte erstrahlen läßt.

58. PARTIE

Schacholympia, Tel Aviv 1964

Königsindisch

Weiß — *Pfleger* (Bundesrep. Deutschland)	Schwarz — *Domnitz* (Israel)
1. d2—d4	1. Sg8—f6
2. c2—c4	2. g7—g6
3. Sb1—c3	3. Lf8—g7
4. e2—e4	4. d7—d6
5. Lf1—e2	5. e7—e5(?)

In der gleichen Runde und am Nebenbrett geschah dieser Vorstoß unter ähnlichen Umständen schon im 3. Zuge: 1. d2—d4, Sg8—f6 2. c2—c4, d7—d6 3. Sb1—c3, e7—e5 4. d4×e5, d6×e5 5. Dd1×d8+, Ke8×d8 6. Sg1—f3, Sf6—d7 7. e2—e3, f7—f6 8. Lf1—e2, c7—c6 9. 0—0, Kd8—c7, und Schwarz stand gut (Kraidman — Schmid).

6. d4×e5	6. d6×e5
7. Dd1×d8+	7. Ke8×d8
8. f2—f4!	

Hier hingegen liegt die Sache anders. Der Zug g7—g6 bedeutet eine gewisse Schwächung der schwarzen Stellung, so daß der Nachziehende Unannehmlichkeiten in Kauf nehmen muß.

	8. Sf6—d7
9. Sg1—f3	9. c7—c6
10. 0—0	10. e5×f4

Das geringere Übel war 10. f7—f6, z. B. 11. f4×e5, Sd7

×e5 12. Sf3×e5, f6×e5 13. Tf1—f7, Lg7—f8 mit allerdings auch mühsamer Verteidigung. Nach dem Partiezuge vergrößert sich der Entwicklungsvorsprung des Weißen noch mehr.

11. Lc1×f4	11. f7—f6
12. Ta1—d1	12. Kd8—e8
13. e4—e5!	

Öffnet die e-Linie und „entblockt" das Feld e4 für den Springer.

	13. f6×e5
14. Lf4—g3	14. Sd7—c5

Er will den Springer nicht nach e4 lassen. Weiß findet aber doch einen Weg, seinen Willen durchzusetzen.

15. Lg3×e5	15. Lg7×e5
16. Sf3×e5	16. Lc8—e6
17. b2—b4	17. Sc5—d7
18. Se5—f3	18. Ke8—e7
19. Sf3—g5	19. Sd7—f8
20. Sg5×e6	

Mit den Vereinfachungen verfolgt der junge deutsche Meister den Plan, das wirkungsvolle Eingreifen der Türme vorzubereiten.

	20. Sf8×e6
21. Le2—g4	21. Sb8—d7
22. Td1—e1	22. Sd7—f8
23. Sc3—e4!	

Glasklare Strategie! Nach 23. Tf1×f8, Ta8×f8 24. Te1 ×e6+ hätte Weiß noch vor einer langwierigen technischen Aufgabe gestanden.

	23. Se6—d8

Es gab bessere Züge, doch keine Rettung. Das lehrreiche Partiechen mündet in eine unterhaltende Mattjagd.

24. Se4—c5+	24. Ke7—d6
25. Tf1—f6+	25. Kd6—c7
26. Te1—e7+	26. Kc7—b8

Die Zuschauer meinten nun, Pfleger würde mit 27. Tf6×f8,

Weiß

Th8×f8 28. Sc5—d7+ eine Figur erobern. Aber er jagt edlerem Wild nach.

27. Te7×b7+!

Schwarz gab auf, um dem Matt im nächsten Zuge zu entgehen (Sd8×b7 28. Sc5—a6 matt). Pfleger hat sich übrigens schon bei seinem ersten internationalen Auftreten die Sporen verdient. Er erhielt den Sonderpreis für das beste Abschneiden am vierten Brett.

59. PARTIE

Beverwijk 1960

Altindisch

Weiß — *Petrosjan* Schwarz — *Larsen*

Die Entscheidungspartie der letzten Runde. Petrosjan mußte gewinnen, um Larsen einzuholen.

1. c2—c4	1. d7—d6
2. d2—d4	2. e7—e5

Der Rochadeverlust nach Abtausch auf e5 und d8 ist für Schwarz kaum zu fürchten, wenn der Lf1 nicht nach c4 gehen kann.

3. Sg1—f3 3. Sb8—d7
4. Sb1—c3 4. Sg8—f6
5. e2—e4

Genauer scheint 5. Lc1—g5 zu sein, weil damit 5. g7—g6 verhindert wird (6. d4×e5, d6×e5 7. Sf3×e5!, Sd7×e5? 8. Dd1×d8+, Ke8×d8 9. Lg5×f6+).

5. Lf8—e7

Schwarz sollte von der Chance, den Läufer nach g7 zu entwickeln, Gebrauch machen und g7—g6 ziehen.

6. Lf1—e2 6. 0—0
7. 0—0 7. c7—c6
8. d4—d5

Petrosjan schließt das Zentrum ab. Er hat einen bestimmten Stellungstypus im Auge, mit dem er gute Erfahrungen gemacht hat.

8. Sd7—c5

Vielleicht war es besser, 8. c6—c5 zu spielen und die Stellung zu blockieren. Weiß hätte dann den Springer von f3 nach d3 gebracht und a2—a3 nebst b2—b4 folgen lassen.

9. Sf3—d2 9. a7—a5

Sichert den Sc5 gegen die Anrempelung b2—b4.

10. b2—b3 10. c6×d5

Das muß als verfrüht verurteilt werden. Weiß kann das Feld c4 frei machen, das ihm gute Dienste, besonders für den Springer, leistet. In Frage kam die Überführung des Springers von f6 nach c7.

11. c4×d5 11. Lc8—d7

Mit der Absicht b7—b5.

12. a2—a4

Petrosjan verzichtet also auf die Chance a2—a3 und b3—b4. Er gibt die Felder b4 und c5 preis und tauscht dafür c4 und b5 ein.

12. Dd8—b6

Um die Türme zum Zusammenspiel zu bringen. Sonst war auch ein Vorgehen am Königsflügel im Bereiche des Möglichen, etwa vorbereitet durch Sf6—e8, g7—g6 und f7—f5.

13. Lc1—a3 13. Tf8—c8
14. Ta1—b1 14. Db6—a7

Die Dame bleibt auf der Schrägen a7/g1, um f2—f3 zu erschweren. 15. Sc4 geht ja nicht, weil Be4 „hängt".

15. Tb1—c1 15. Tc8—c7

Der Gedanke, auf der c-Linie zu drücken, läßt sich nicht durchführen.

16. Le2—b5!

Der Läufer darf nicht getauscht werden, droht jedoch seinerseits 17. Lb5×d7, Tc7×d7 18. Sc3—b5 mit Vorteil.

16. Ld7—g4

Wenn 16. Ld7—e8, so 17. Kg1—h1 und 18. f2—f3.

17. Dd1—e1 17. Sc5—a6

Von 17. Ta8—c8 versprach sich Larsen wegen 18. h2—h3, Lg4—h5 19. De1—e3, Da7—b8 20. Lb5—c4 mit Recht nichts.

18. h2—h3!

Zieht sich nun der Läufer nach c8 zurück, spielt Weiß 19. Kg1—h2, und dem Schwarzen gehen allmählich die Züge aus. Falls aber 18. Lg4—d7, so kommt Weiß klar in Vorteil durch 19. Lb5×d7, Tc7×d7 (Sf6×d7 20. Sd2—c4) 20. Sc3—b5, Da7—b8 21. Sd2—c4, b7—b6 22. f2—f3, und der Druck wird langsam übermächtig.

18. Lg4—h5 (s. Diagr.)

19. Lb5×a6!

Ein echt Petrosjansches Konzept. Infolge des abseits stehenden Läufers auf h5 beherrschen nun die leichten Figuren des Weißen am Damenflügel das Terrain. Angesichts der Untätigkeit der schwarzen Läufer bedeutete es für Petrosjan sicher keine schwere Überwindung, auf sein Läuferpaar zu verzichten.

19. Da7×a6

19. b7×a6 20. Sd2—c4 kostete sofort einen Bauern.

20. Sd2—c4

Die Drohung ist 21. Sc3—b5, Tc7—d7 22. De1—e3. Dagegen ist eine ausreichende Verteidigung nicht zu sehen.

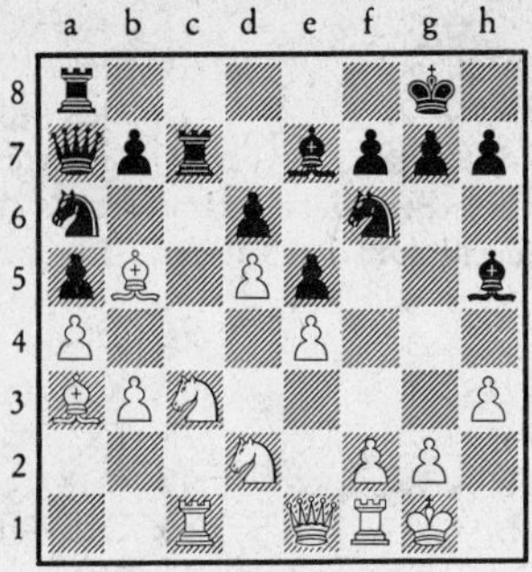

Weiß

(Nach dem 18. Zug)

	20. Tc7×c4

Ein letzter Versuch, den Gegner zu verwirren. Die technische Aufgabe wird von Weiß jedoch ohne Gnade erledigt.

21. b3×c4	21. Da6×c4
22. f2—f3	

Um 23. De1—d1 und 24. Sc3—b5 spielen zu können.

	22. Dc4—d4+
23. Kg1—h1	23. Sf6—e8
24. De1—e2	24. Le7—g5
25. Tf1—d1	25. Dd4—b6
26. Tc1—b1	26. Db6—c7
27. Sc3—b5	27. Dc7—d7

Obwohl Schwarz keinerlei Hoffnungen gehegt haben dürfte, will er sich zeigen lassen, wie Petrosjan zu gewinnen gedenkt. Vermutlich wollte er die Zuschauer auf ihre Rechnung kommen lassen.

28. La3—c1	28. Lg5—d8
29. Lc1—e3	29. Lh5—g6
30. g2—g4	30. h7—h5
31. Tb1—c1	31. Se8—f6
32. Tc1—c4	32. Sf6—h7

33. Td1—c1	33. Ld8—g5
34. Le3×g5	34. Sh7×g5
35. Kh1—g2	35. Dd7—d8

Die Angriffschancen des Schwarzen sind gleich Null. Er kann lediglich versuchen, dem Gegner etwas die Hände zu binden. Es ist jedoch klar, daß auf der c-Linie der Schlußakt ablaufen wird.

36. De2—e3	36. f7—f6
37. Tc4—c7	37. Kg8—h7
38. Tc7×b7	38. Ta8—c8
39. Tc1×c8	39. Dd8×c8
40. Tb7—c7	40. Dc8—f8
41. De3—c1	41. Df8—d8
42. Dc1—c6	42. Sg5×e4

Den Springer, den Weiß auch hätte nehmen können, straft er mit Nichtachtung.

43. Tc7—c8	43. Dd8—e7
44. Dc6—a8	44. Kh7—h6
45. Tc8—c7	

Schwarz gab auf. Eine für Petrosjans feinsinniges Positionsspiel bezeichnende Partie.

60. PARTIE

Buenos Aires 1960

Grünfeld-Verteidigung

Weiß — *Uhlmann*	Schwarz — *Pachman*
1. d2—d4	1. Sg8—f6
2. c2—c4	2. g7—g6
3. Sb1—c3	3. d7—d5
4. Sg1—f3	4. Lf8—g7
5. Dd1—b3	

Gilt als bestes. Man hat aber auch mit 5. Lc1—f4 (siehe „Lehrbuch", S. 476), 5. e2—e3 und 5. c4×d5, Sf6×d5 6. e2—e3, 0—0 7. Lf1—c4 gute Erfahrungen gemacht.

	5. d5×c4
6. Db3×c4	6. 0—0
7. e2—e4	7. Sb8—a6

Der Zug von Prins, der c7—c5 vorbereitet.

8. Lc1—g5!

Eine von Uhlmann gefundene Fortsetzung, die dem älteren 8. Lf1—e2 den Rang abgelaufen hat. Weiß will lang rochieren.

	8. h7—h6
9. Lg5—h4	9. c7—c5
10. d4—d5	10. e7—e6
11. 0—0—0	

Nun droht der d-Bauer zu tauschen oder bei Bedarf auch vorzugehen. Eine ungemütliche Lage für Schwarz.

	11. Dd8—a5
12. Dc4—b5!	

Uhlmann hat erkannt, daß der Damentausch für Weiß sehr günstig ist. Das ist bei Entwicklungsvorsprung fast regelmäßig der Fall.

	12. Da5×b5
13. Lf1×b5	13. Sa6—c7
14. Lb5—c4	14. e6×d5
15. e4×d5	15. b7—b6
16. d5—d6	16. Lc8—e6

Ein Entlastungsversuch, der an dem auf c7 sehr starken Freibauern scheitert. Freilich hätte auch 16. Sc7—e6 17. Sc3—d5 zu einer unhaltbaren Stellung geführt.

17. d6×c7	17. Le6×c4
18. Sf3—e5	18. Lc4—e6
19. Se5—c6	19. g6—g5
20. Lh4—g3	20. Sf6—h5
21. Td1—d8!	

In Verbindung mit einem möglichen Schachgebot auf e7 bringt der Bc7 schließlich eine Figur ein. Die Verteidigung des Punktes c8 wird allmählich unterminiert.

	21. Lg7—f6

22. Td8×a8	22. Tf8×a8
23. Th1—d1	23. Sh5×g3
24. h2×g3	24. Kg8—f8

Ausgeschlossen ist Lf6×c3, weil dann 25. Td1—d8+ sofort gewönne. Auch 24. Kg8—g7 25. Td1—d8, Ta8—c8 26. Td8 ×c8, Le6×c8 27. Sc6×a7 hätte nichts genützt. Die letzte Hoffnung des Schwarzen besteht darin, die ohnehin verlorene Figur auf eine Weise preiszugeben, die noch kleine Chancen einräumt.

Weiß

25. Td1—d8+	25. Lf6×d8
26. c7×d8D+	26. Ta8×d8
27. Sc6×d8	

Nun hängt alles davon ab, ob dem Springer die sichere Heimkehr gelingt.

	27. Le6—d7
28. Sc3—e4	28. Kf8—e7
29. Sd8—b7	29. Ld7—c6
30. Sb7—d6	30. Ke7—e6
31. g3—g4!	

Verhindert das drohende f7—f5. Falls 31. Ke6—e5, so 32. f2—f3, und die Springer sind fest verankert. Nutzlos bliebe

auch das Bauernopfer 31. h6—h5 wegen 32. g4×h5, f7—f5 33. h5—h6, und der Bauer wäre nicht mehr aufzuhalten. Schwarz gab auf.
Die Entscheidung fiel schon früh; bemerkenswert ist Uhlmanns ausgezeichnete Technik.

61. PARTIE

5. Wettkampfpartie um die Weltmeisterschaft, Moskau 1963

Grünfeld-Verteidigung

Weiß — *Petrosjan*	Schwarz — *Botwinnik*
1. c2—c4	1. g7—g6
2. d2—d4	2. Sg8—f6
3. Sb1—c3	3. d7—d5
4. Sg1—f3	4. Lf8—g7
5. e2—e3	

Andere Meister bevorzugen 5. Dd1—b3.

	5. 0—0
6. Lf1—e2	6. d5×c4

Die Theorie verzeichnet die Partie Lilienthal — Dr. Euwe, Hastings 1934/35, in der 6. b7—b6 7. 0—0, Lc8—b7 8. c4 ×d5, Sf6×d5 9. Dd1—b3, e7—e6 zu ungefähr ausgeglichenem Spiel führte.

7. Le2×c4	7. c7—c5
8. d4—d5	8. e7—e6

Für die von Botwinnik gewünschte Vereinfachung muß er einen Preis zahlen, den vereinzelten Bauern e6 und die Preisgabe des Punktes e4.

9. d5×e6	9. Dd8×d1+
10. Ke1×d1	10. Lc8×e6
11. Lc4×e6	11. f7×e6
12. Kd1—e2	12. Sb8—c6

In Frage kam Sb8—d7.

13. Th1—d1	13. Ta8—d8

14. Td1×d8	14. Tf8×d8
15. Sf3—g5!	15. Td8—e8
16. Sg5—e4	16. Sf6×e4
17. Sc3×e4	17. b7—b6

Weiß

Weiß hat einen starken Springer, der seine Kraft zum Teil daher bezieht, daß sein Gegenspieler sich nicht so schnell zum Tausch stellen kann. Auch die Bauernstellung ist ein Pluspunkt des Weißen. In der Verwertung solcher „minimalen" Vorteile ist Petrosjan, dem der Gewinn des Wettkampfes den Weltmeistertitel einbrachte, unübertroffen.

18. Ta1—b1	18. Sc6—b4
19. Lc1—d2	

Die Idee ist 19. ..., Sb4×a2 20. Tb1—a1, Sa2—b4 21. Ld2×b4, c5×b4 22. Ta1×a7, Lg7×b2 23. Ta7—b7 mit günstigem Spiel.

	19. Sb4—d5
20. a2—a4	20. Te8—c8
21. b2—b3	21. Lg7—f8
22. Tb1—c1	22. Lf8—e7

Hier ist 22. Tc8—c7 vorgeschlagen worden. Darauf wäre wohl 23. Se4—g5, Lf8—h6 24. e3—e4! geschehen.

23. b3—b4!

Ein Fortschritt. Der c-Bauer wird vereinzelt.

	23. c5—c4
24. b4—b5	24. Kg8—f7
25. Ld2—c3!	

Mit der Absicht 26. Se4—d2.

	25. Le7—a3
26. Tc1—c2	26. Sd5×c3+
27. Tc2×c3	27. La3—b4
28. Tc3—c2	28. Kf7—e7
29. Se4—d2	29. c4—c3

Botwinnik hätte in ein Turmendspiel einlenken und 29. Lb4 ×d2 30. Ke2×d2, Ke7—d6 31. Kd2—c3, Kd6—c5 versuchen können; wegen 32. Tc2—d2 gefiel ihm das nicht — verständlich!

30. Sd2—e4	30. Lb4—a5
31. Ke2—d3	31. Tc8—d8+
32. Kd3—c4	32. Td8—d1

Wenn 32. Td8—d2, so 33. Kc4—b3.

33. Se4×c3	33. Td1—h1

Möglicherweise bot das Turmendspiel 33. La5×c3 34. Kc4 × c3, g6—g5 kleine Remis-Chancen.

Weiß

34. Sc3—e4!

Schon hier faßte Petrosjan den Plan, mit seinem König mitten ins feindliche Lager hinein zu spazieren. Den Bh2 gibt er für die vorausgesehene „positionelle Gewinnstellung“ her. Von allen seinen im Wettkampf mit Botwinnik gespielten Partien gefiel ihm diese wegen des Königsmarsches am besten.

34. Th1×h2

35. Kc4—d4

Droht auf c7 einzudringen und gewinnt so ein wichtiges Tempo.

35. Ke7—d7

36. g2—g3	36. La5—b4
37. Kd4—e5	37. Th2—h5+
38. Ke5—f6	38. Lb4—e7+
39. Kf6—g7	39. e6—e5
40. Tc2—c6	40. Th5—h1

Weiß

41. Kg7—f7!

Der von Petrosjan ins Kuvert gegebene Zug (der beim Abbruch einer Partie erforderliche „Abgabezug“, der geschehen muß, solange die Schachuhr die Zeit registriert). Der Le7 soll abgedrängt werden. Allgemein war das schwächere 41. Se4—f6+ erwartet worden.

	41. Th1—a1
42. Tc6—e6	42. Le7—d8
43. Te6—d6+	43. Kd7—c8
44. Kf7—e8	44. Ld8—c7
45. Td6—c6	45. Ta1—d1

Auf 45. Ta1×a4 muß Schwarz verzichten, weil darauf 46. Se4—c3 und 47. Sc3—d5 mit Einbuße des gefesselten Läufers geschähe.

46. Se4—g5	46. Td1—d8+
47. Ke8—f7	47. Td8—d7+
48. Kf7—g8	

Botwinnik streckte die Waffen. Er kann den Übergang in ein verlorenes Bauernendspiel nicht vermeiden. Eine mögliche Fortsetzung wäre 48. h7—h6 49. Sg5—e6, h6—h5 50. f2—f4, e5×f4 51. e3×f4, Kc8—b7 52. Tc6×c7+, Td7×c7 53. Se6×c7, Kb7×c7 54. Kg8—f7.

Solche „Positionspartien" sind nicht nach jedermanns Geschmack; klar ist aber, daß ein Weltmeister im Hurrastil nicht zu schlagen ist.

62. PARTIE

Jugendweltmeisterschaft, Den Haag 1961

Bogoljubow-Indisch

Weiß — *Gheorghiu*	Schwarz — *Kinnmark*
1. d2—d4	1. Sg8—f6
2. c2—c4	2. e7—e6
3. Sg1—f3	3. Lf8—b4+
4. Sb1—d2	

Auch das einfachere Verfahren 4. Lc1—d2, Lb4×d2+ 5. Dd1×d2 ist gut.

	4. d7—d5
5. e2—e3	5. 0—0

6. Dd1—c2 — 6. c7—c6

In ähnlichen Stellungen bereitet man am besten den Befreiungszug c7—c5 durch vorheriges Sb8—d7 vor.

7. Lf1—d3 — 7. Sb8—d7
8. 0—0 — 8. Lb4—d6

Schwarz will e6—e5 durchsetzen. Die Frage ist, wem die sich öffnenden Linien dann nützen.

9. e3—e4 — 9. d5×e4

Beugt Schwarz der Gabeldrohung e4—e5 mit 9. e6—e5 vor, gerät er nach 10. e4×d5, c6×d5 11. c4×d5, e5×d4 12. Sd2—c4 in Schwierigkeiten.

10. Sd2×e4 — 10. Sf6×e4
11. Ld3×e4 — 11. h7—h6

Schwarz hat immer noch e6—e5 im Auge. Dafür braucht er den Springer auf d7. Objektiv war Sd7—f6 vorzuziehen.

12. b2—b3! — 12. e6—e5
13. Lc1—b2

Es ist immer ein gutes Zeichen, wenn man nicht selbst zu tauschen braucht, sondern diese Aufgabe dem Gegner überlassen kann.

13. e5×d4
14. Lb2×d4 — 14. Sd7—c5
15. Le4—h7+ — 15. Kg8—h8
16. Ta1—d1

Droht Ld4×c5.

16. Dd8—c7
17. h2—h3

Die Fesselung durch Lc8—g4 gäbe sonst dem Schwarzen Luft.

17. a7—a5

Vorzuziehen war 17. Sc5—e6 18. Ld4—a1, Lc8—d7. Weiß hätte von 19. Dc2—d3, Ta8—d8 20. Dd3×d6, Dc7×d6 21. Td1×d6, Kh8×h7 keinen Vorteil.

18. Ld4—b2 — 18. Sc5—e6
19. Lh7—f5 — 19. b7—b5
20. Tf1—e1 — 20. b5—b4

21. Sf3—e5

In der Absicht, Se5×f7+ nebst Lf5×e6 folgen zu lassen.

21. Se6—c5

Ein geeigneterer Platz für den Springer wäre g5 gewesen, von wo aus er noch den Punkt f7 kontrolliert. Jetzt kann sich Gheorghiu mit einer sehr weit berechneten Kombination die Schwäche der 8. Reihe zunutze machen.

Weiß

22. Td1×d6!!

Eine feine Wendung. Spielt Schwarz jetzt Lc8×f5, so kommt 23. Td6×h6+!, g7×h6 24. Se5×f7+, Kh8—g8 25. Sf7×h6+, Kg8—h7 26. Sh6×f5 mit drei Bauern für die Qualität und gefährlichen Möglichkeiten.

22. Dc7×d6

23. Se5×f7+!

Die eigentliche Idee ist die Freikämpfung der Grundreihe.

23. Tf8×f7

24. Te1—e8+ 24. Dd6—f8

Ein weiterer, köstlicher Gedanke hätte sich auf 24. Tf7—f8 gezeigt: 25. Dc2—d2!!. Die an den Punkt f8 gebundene Dd6 ist machtlos.

25. Te8×f8+ 25. Tf7×f8

26. Dc2—d2!

Vernichtend. Schwarz kann den Sc5 nicht mehr verteidigen, denn als erstes muß er sich um Dd2×h6+ kümmern.

	26. Kh8—g8
27. Dd2—d4	27. Tf8—f7
28. Lf5×c8	28. Ta8×c8
29. Dd4×c5	29. Tc8—f8
30. Lb2—d4	

Dieser Läufer hat ganze Arbeit geleistet. Schwarz gab den ungleichen Kampf auf.

63. PARTIE

Match Finnland — Estland 1960

Moderne Ben-Oni-Verteidigung

Weiß — *Ojanen*	Schwarz — *Keres*
1. d2—d4	1. Sg8—f6
2. c2—c4	2. e7—e6
3. Sb1—c3	3. c7—c5

Eine Kampfansage. Mit ruhigeren Absichten könnte Schwarz ins Damengambit (d7—d5) oder in die Nimzowitsch-Indische Verteidigung (Lf8—b4) einlenken.

4. d4—d5

Er nimmt die Herausforderung an. Zu einer Variante der Tarrasch-Verteidigung des Damengambits hätte 4. e2—e3, d7—d5 geführt.

	4. e6×d5
5. c4×d5	5. g7—g6

Die Idee der ganzen Spielweise besteht in einem Druck gegen den weißen Damenflügel. Weiß wird demgegenüber versuchen, seinen Raumvorteil und die Übermacht in der Mitte zu einem Königsangriff auszunützen, bei dem häufig der zentrale Durchbruch mit dem Bauernopfer e4—e5 ein wichtiges Requisit darstellt.

6. e2—e4	6. d7—d6

7. Lf1—d3

Der von Ojanen gewählte Aufbau war zum Zeitpunkt dieser Partie neu.

	7. Lf8—g7
8. Sg1—e2	8. 0—0
9. 0—0	9. Tf8—e8
10. h2—h3	10. Sb8—d7

Manche Kritiker empfahlen die Überführung des Springers über a6 nach c7, um ein Vorgehen am Damenflügel zu unterstützen und den Bd5 unter Druck zu halten. Freilich hat auch diese Springerstellung Nachteile.

11. Se2—g3	11. a7—a6
12. a2—a4	12. Dd8—c7
13. f2—f4	13. c5—c4

Räumt das Feld c5 für den Springer.

14. Ld3—c2	14. Sd7—c5
15. Kg1—h1	15. Lc8—d7
16. Dd1—f3	

Hier konnte bereits das erwähnte Bauernopfer geschehen, z. B. 16. e4—e5, d6×e5 17. f4×e5, Dc7×e5 18. Lc1—f4, De5—e7 19. Dd1—d2! (nach einer Analyse von Böök), und Weiß verfügt über viele Drohungen. Ojanen zieht ein langsames, nachhaltiges Verfahren vor.

	16. Kg8—h8
17. Lc1—e3	17. Sf6—g8

Keres „igelt" sich ein. Weiß kann nur vorwärtskommen, wenn er das Feld e4 unter Bauernopfer frei macht.

18. Ta1—d1	18. b7—b5
19. a4×b5	19. a6×b5 (s. Diagr.)
20. e4—e5!	

Nach gründlicher Vorbereitung. Trotz sorgfältiger Verteidigung vermag sich Keres nicht zu behaupten.

20. d6×e5

Noch weniger befriedigt 20. b5—b4 21. Le3×c5, d6×c5 22. Sc3—e4 und Weiß verfügte über ein formidables Bauernzentrum.

Weiß

(Nach dem 19. Zug)

21. f4—f5!

Das ist die eigentliche Idee: freier d-Bauer, Punkt e4 und Druck auf der f-Linie zusammengenommen sind unwiderstehlich.

	21. b5—b4
22. d5—d6	22. Dc7—a5
23. Sc3—e4	23. Sc5—d3

Falls 23. Sc5×e4 24. Lc2×e4, Ta8—c8 25. Le4—b7, Tc8—b8 26. Lb7—d5 mit vortrefflichem Spiel für Weiß. Keres hofft hingegen, durch Rückgabe des Bauern die Lage zu erleichtern.

24. Lc2×d3	24. c4×d3
25. f5—f6	25. Lg7—f8
26. Td1×d3	26. Sg8—h6
27. Tf1—d1	27. Te8—d8
28. Df3—f2!	28. Da5—b5
29. Df2—d2	29. Sh6—f5
30. Sg3×f5	30. Ld7×f5
31. Td3—d5	31. Db5—b7

Auch 31. Db5—c4 hätte nichts genützt, wie die von Böök angemerkte Fortsetzung 32. Se4—g5, Td8—d7 33. Td1—c1,

Dc4—a6 34. Tc1—c7, Kh8—g8 35. g2—g4!, Td7×c7 36. d6 ×c7, Ld7—c8 37. Td5—d8 zeigt.

32. Se4—c5	32. Db7—c6
33. Le3—h6!	33. Lf8×h6
34. Dd2×h6	34. Td8—g8
35. Td5×e5	35. Ta8—d8
36. Td1—d4	

Mit der vernichtenden Drohung 37. Dh6×h7+!

	36. g6—g5
37. Te5×f5	37. Td8×d6
38. Tf5×g5	

Das schrittweise Vorgehen dieses Turms ist belustigend. Schwarz gab die von Ojanen hervorragend geführte Partie auf.

64. PARTIE

Schacholympia, Leipzig 1960

Moderne Ben-Oni-Verteidigung

Weiß — *Penrose* (England)	Schwarz — *Tal* (UdSSR)
1. d2—d4	1. Sg8—f6
2. c2—c4	2. e7—e6
3. Sb1—c3	3. c7—c5
4. d4—d5	4. e6×d5
5. c4×d5	5. d7—d6
6. e2—e4	6. g7—g6

Ein kampfbetonter Aufbau, den Tal sehr gern gespielt hat — bis zu dieser Partie!

7. Lf1—d3	7. Lf8—g7
8. Sg1—e2	8. 0—0
9. 0—0	9. a7—a6
10. a2—a4	10. Dd8—c7
11. h2—h3	11. Sb8—d7
12. f2—f4	12. Tf8—e8

Schwarz kann wohl eher auf ein Gegenspiel rechnen, wenn er b7—b5 vorbereitet und Ta8—b8 fortsetzt. Seine Absicht, 13. Lc1—e3 mit Sf6×e4 zu beantworten, ist leicht zu durchschauen.

13. Se2—g3 13. c5—c4
14. Ld3—c2 14. Sd7—c5
15. Dd1—f3 15. Sf6—d7
16. Lc1—e3 16. b7—b5

Tal kann nicht länger untätig zusehen, wie der Weiße seinen Angriff allmählich verstärkt, der an die Partie Ojanen — Keres (siehe 63. Partie) erinnert. Penrose läßt sich aber von dieser Demonstration am Damenflügel kaum ablenken.

17. a4×b5 17. Ta8—b8
18. Df3—f2! 18. a6×b5

Weiß

19. e4—e5!

Der schulmäßige Durchbruch, der das Feld e4 für den Springer frei macht und die Öffnung der f-Linie vorbereitet. Fast kann man von einem Schema in solchen Stellungen sprechen.

19. d6×e5
20. f4—f5! 20. Lc8—b7
21. Ta1—d1

Ein für Schwarz sehr unangenehmer, ruhiger, aber nachhaltiger Zug.

	21. Lb7—a8

Es ist schwer, einen vernünftigen Zug zu finden. Obendrein befand sich Tal in einer bei ihm seltenen, furchtbaren Zeitbedrängnis.

22. Sc3—e4	22. Sc5—a4
23. Lc2×a4	23. b5×a4
24. f5×g6	24. f7×g6
25. Df2—f7+	25. Kg8—h8
26. Se4—c5	26. Dc7—a7

Vermutlich konnte sich Schwarz mit Dc7×c5 etwas länger wehren.

27. Df7×d7	27. Da7×d7
28. Sc5×d7	28. Tb8×b2
29. Sd7—b6!	

Klärt die Lage endgültig.

	29. Tb2—b3
30. Sb6×c4	30. Te8—d8
31. d5—d6	31. Tb3—c3
32. Td1—c1	32. Tc3×c1
33. Tf1×c1	33. La8—d5
34. Sc4—b6	34. Ld5—b3
35. Sg3—e4	35. h7—h6
36. d6—d7	36. Lg7—f8
37. Tc1—c8	37. Lf8—e7
38. Le3—c5	38. Le7—h4
39. g2—g3	

Schwarz gab auf. Tal selbst hat das Spiel des Engländers sehr gelobt. Das war die Sensation des Schacholympias Leipzig — die einzige Niederlage eines russischen Meisters.

65. PARTIE

Schacholympia, Tel Aviv 1964

Moderne Ben-Oni-Verteidigung

Weiß — *Aloni* (Israel)	Schwarz — *Botwinnik* (UdSSR)
1. d2—d4	1. Sg8—f6
2. c2—c4	2. c7—c5
3. d4—d5	3. g7—g6
4. Sb1—c3	4. d7—d6
5. e2—e4	5. Lf8—g7

Die Stellung könnte auch aus der Königsindischen Verteidigung (2. g7—g6) entstehen.

6. h2—h3

Der Zug 6. Lc1—g5 verspricht wohl mehr.

6. 0—0

7. Lc1—e3

Aloni wollte dem Läufer dieses Feld sichern und hat darum den Zug Sf6—g4 unterbunden.

	7. e7—e6
8. d5×e6	8. Lc8×e6
9. Sg1—f3	9. Dd8—a5
10. Dd1—d2	10. Sb8—c6
11. Lf1—e2	

11. Dd2×d6? verbietet sich wegen Sf6×e4!

	11. Sf6—d7
12. 0—0	12. Sd7—e5
13. Sf3×e5	13. d6×e5
14. Tf1—d1	

Näher hat 14. Sc3—d5 gelegen, denn von dem Turmzug hat er nichts.

14. Sc6—d4!

Botwinnik zögert hingegen nicht, den wichtigen Zentralposten zu besetzen.

15. Le2—d3?

Weiß hat das Konzept verloren und büßt nun einen wertvollen Bauern ein. Immer noch sollte 15. Sc3—d5 geschehen.

15. Le6×h3!

Der Läufer ist wegen Sd4—f3+ unantastbar. Darum stürzt sich der Weiße in unübersichtliche Verwicklungen. Aber auch auf diesem Gebiet kann er nicht mithalten, wie der 52-jährige Exweltmeister glänzend dartut.

16. b2—b4	16. c5×b4
17. Sc3—d5	17. Lh3—g4
18. Td1—b1	

Auf 18. f2—f3 muß Aloni wegen Lg4×f3! verzichten.

	18. Da5—d8
19. Le3×d4	

„Der Springer ist gewiß sehr lästig, aber der nun entstehende Freibauer entwickelt bald dämonische Kräfte", schreibt Kurt Richter treffend in der „Deutschen Schachzeitung".

	19. e5×d4
20. Tb1×b4	20. b7—b6
21. a2—a4	21. f7—f5!

Mit der Freilegung der f-Linie beginnt ein gefährlicher Angriff.

22. e4×f5	22. Lg4×f5
23. a4—a5	23. b6×a5
24. Tb4—b5	24. Lf5×d3
25. Dd2×d3	25. Dd8—h4
26. g2—g3	

Einen solchen Zug, der die weißen Felder f3 und h3 preisgibt, macht man ungern. Aber 26. Dd3—g3 hätte zu einem schlechten Endspiel geführt und 26. Ta1—f1, Tf8—f7 nebst Ta8—f8 zu dauernder Passivität.

	26. Dh4—g4
27. Ta1—e1	27. Tf8—f3
28. Dd3—b1	

Auf 28. Dd3—e4, Dg4×e4 29. Te1×e4, d4—d3 spricht der Bauer das entscheidende Wort.

28. Ta8—f8

29. Te1—e4

Weiß

29. Tf3×g3+!!

Die Pointe des überraschenden Turmopfers zeigt sich gleich. Hat Weiß angenommen, Schwarz suche Dauerschach, sieht er sich bald eines Besseren belehrt.

30. f2×g3 — 30. Dg4×g3+

31. Kg1—h1 — 31. d4—d3!

Schneidet die Deckungslinie der Db1 ab, so daß 32. Dg3—f3+ den Te4 zu erobern droht. Ein Schlag ins Wasser wäre hingegen 31. Tf8—f2 gewesen, weil der schwarze König den Turmschutz nicht entbehren kann. Weiß hätte den Spieß mit 32. Tb5—b8+, Lg7—f8 33. Tb8×f8+, Kg8×f8 34. Te4—f4+!, Tf2×f4 35. Db1—b8+ herumgedreht.

32. Sd5—e7+

Auf 32. Db1—d1 beendet Tf8—f2 den Kampf.

32. Kg8—h8

33. Db1—e1 — 33. Dg3—h3+

34. Kh1—g1 — 34. d3—d2!

Der stärkste Trumpf! Die Idee ist 35. De1—d1, Lg7—d4+ 36. Te4×d4, Dh3—g3+ 37. Kg1—h1, Dg3—e1+!

35. Se7×g6+	35. h7×g6
36. De1—h4+	

Sieht nach einer Rettung aus, aber...

	36. Kh8—g8!!

Unerschütterlich verharrt die Dame: eine neue steht vor der Tür. Weiß gab auf (37. Dh4×h3, d2—d1D+ 38. Kg1—h2, Tf8—f2+). Ein aufregendes Finale von seltener Schönheit.

66. PARTIE

Schacholympia, Leipzig 1960

Ben-Oni-Verteidigung

Weiß — *Botwinnik* (UdSSR)	Schwarz — *L. Schmid* (Bundesrep. Deutschland)
1. d2—d4	1. c7—c5
2. d4—d5	2. d7—d6
3. e2—e4	3. g7—g6
4. Sg1—f3	4. Lf8—g7
5. Lf1—e2	5. Sg8—f6
6. Sb1—c3	6. Sb8—a6

Die Idee ist, den Springer nach c7 zu bringen und erst danach eventuell a7—a6 zur Unterstützung des Vorstoßes b7—b5 zu spielen. Der Nachteil des Verfahrens liegt im erheblichen Zeitaufwand, den das Manöver verschlingt. Inzwischen kann Weiß einen Durchbruch im Zentrum vorbereiten.

7. 0—0	7. Sa6—c7
8. a2—a4	

In einer Partie R. Byrne — Teschner, Berlin 1960, bewährte sich auch 8. Tf1—e1, 0—0 9. a2—a4.

	8. a7—a6
9. Sf3—d2	9. Lc8—d7

Nach späteren Untersuchungen hielt Schmid 9. b7—b6, gefolgt von Ta8—b8 und eventuell b6—b5, für am besten.

10. Sd2—c4	10. b7—b5
11. e4—e5!	

Hingegen käme 11. Sc4—b6, b5—b4! dem Schwarzen gelegen. Falls nun 11. b5×c4, so 12. e5×f6, Lg7×f6 13. Lc1—h6, und Schwarz wäre an der Rochade gehindert.

	11. d6×e5
12. a4×b5	12. a6×b5

Aussichten auf ebenbürtiges Spiel verschaffte 12. Sc7×b5 13. Sc3×b5, Ld7×b5 14. Sc4×e5 bzw. 13. Sc4×e5, Sb5×c3 14. b2×c3, Sf6—e4!.

13. Ta1×a8	13. Dd8×a8
14. Sc4×e5	14. b5—b4
15. d5—d6!	

Wieder in ähnlicher Lage wie beim 10. Zuge ein Zwischenzug mit dem Bauern! Mit 15. e7×d6 16. Dd1×d6, b4×c3 17. Dd6×c7, 0—0 18. Se5×d7, Sf6×d7 19. Dc7×d7, c3×b2 20. Lc1—f4 war Schmid nicht zufrieden. „Nun sah ich, daß ich verloren bin", bekannte er nach der Partie.

	15. b4×c3
16. d6×c7	16. Da8—c8
17. Lc1—f4	

Einfach und kräftig. Rochiert Schwarz, so hat er nach 18. b2×c3 keine Aussichten mehr, z. B. 18. Ld7—e6 19. Se5—c6, oder 18. Ld7—a4 19. Dd1—a1.

	17. c3×b2
18. Se5×d7	18. Sf6×d7
19. Le2—b5	19. Lg7—d4
20. c2—c3!	

Fehlerhaft 20. Lf4—e5, b2—b1D!

	20. e7—e5
21. c3×d4	21. e5×f4
22. Lb5×d7+	22. Dc8×d7 (s. Diagr.)

Oder 22. Ke8×d7 23. d4×c5+.

23. Dd1—e2+	

Der Bc7 entscheidet. Hinterher hat man gefunden, daß Botwinnik hier die Gelegenheit zu einer höchst originellen Kombination hatte. 23. Dd1—a4!! hätte den schwarzen König wegen der Drohung 24. c7—c8D+ zu einer amüsan-

(Nach dem 22. Zug)

ten Rundfahrt genötigt: 23. Ke8—e7 24. Tf1—e1+, Ke7—d6 25. d4×c5+, Kd6×c7 26. Da4—a7+, Kc7—c8 (oder Kc7—d8 27. Da7—b8+, Dd7—c8 28. Te1—d1+, Kd8—e7 29. Db8—e5+) 27. Da7—a8+ nebst 28. Da8×h8, die zur Einbuße des Turms führt.

	23. Ke8—f8
24. De2—e5!	

Der eingesperrte Th8 ist verhängnisvoll.

	24. Kf8—g8
25. Tf1—b1	25. f7—f6
26. De5×c5	26. Kg8—g7
27. Tb1×b2	27. Th8—e8
28. Tb2—b1	28. f4—f3
29. g2×f3	29. Dd7—h3
30. Dc5—c6	

Schwarz gab auf. Eine große Partie.

67. PARTIE

Zonenturnier, Berg en Dal 1960

Holländisch

Weiß — *Teschner* Schwarz — *Larsen*

1. d2—d4 1. f7—f5

Es gibt heute nur noch wenige Anhänger dieser Verteidigung, obwohl sie nicht als widerlegt bezeichnet werden kann.

2. c2—c4 2. Sg8—f6
3. e2—e3

Schon im vergangenen Jahrhundert von Steinitz empfohlen. Heutzutage wird 3. g2—g3 bevorzugt.

3. d7—d6
4. Sg1—f3

Weiß möchte e7—e5 nicht ohne weiteres zulassen.

4. g7—g6
5. Sb1—c3 5. Lf8—g7
6. Lf1—e2 6. 0—0
7. 0—0 7. c7—c6
8. Dd1—c2 8. Sb8—a6
9. Tf1—d1 9. Dd8—e8
10. b2—b3. Weiß hat ein sehr bequemes Spiel.
10. e7—e5

So hat Schwarz diesen thematischen Zug durchgesetzt; er hofft, schließlich am Königsflügel zum Angriff zu kommen. Dafür mußte er positionelle Zugeständnisse, wie Überlassung der d-Linie an den Gegner, machen.

11. d4×e5 11. d6×e5

Schaltet Schwarz 11. Sa6—b4 ein, so wird 12. Dc2—d2, d6×e5 13. Sc3—b5! lästig.

12. Lc1—a3 12. c6—c5

Auf 12. Tf8—f7 kann Weiß unter den Erwiderungen 13. c4—c5!, 13. Sf3—g5 und La3—d6 wählen.

13. Sc3—b5 13. De8—e7
14. Sb5—d6!

Ein Räumungszug für seinen Kollegen!

	14. e5—e4
15. Sd6×c8	15. Ta8×c8
16. Sf3—d4	16. Sf6—g4

Seinem Stil entsprechend, strebt der dänische Großmeister verwickelte Angriffswendungen an, die die Standfestigkeit seines Gegners auf eine harte Probe stellen.

17. Le2×g4	17. f5×g4
18. Ta1—c1	18. Lg7—e5
19. Sd4—b5	19. Tf8—f5

Droht 20. Le5×h2+ 21. Kg1×h2, De7—h4+ 22. Kh2—g1, Tf5—h5.

20. g2—g3	20. Tc8—f8
21. Td1—d2	21. De7—f6
22. Tc1—f1	22. Tf5—f3

Weiß

Auf die Verteidigung des Be4 mit Df6—c6 will Larsen sich nicht einlassen, weil nach 23. Sb5—c3, Le5×c3 24. Dc2×c3 eine Katastrophe auf der geschwächten Schrägen a1/h8 droht. Er plant ein Opfer auf g3, nämlich 23. Le5×g3 24. h2×g3, Tf3×g3+ 25. f2×g3, Df6×f1+ 26. Kg1—h2, Df1—h3+ 27. Kh2—g1, Tf8—f1 matt.

23. Dc2×e4

Jetzt zeigt sich die offene Königsstellung des Schwarzen. 23. Le5×g3 hätte wegen 24. De4—d5+! den Läufer gekostet (24. Kg8—h8 25. La3—b2, oder 24. Tf8—f7 25. Dd5—d8+! nebst Damentausch und Schlagen auf g3).

23. h7—h5

Danach darf Weiß nicht 24. De4—d5+, Kg8—h7! 25. De4×b7+, Kh7—h6 spielen, denn die Drohung h5—h4 wäre gewaltig.

24. Kg1—g2	24. h5—h4
25. g3×h4	25. Tf3—h3

Ein Fehler in Zeitnot, der seinem Gegner leichte Arbeit verschafft. Der von den Zuschauern erwartete tückische Zug 25. g4—g3! hätte ihm viel schwierigere Probleme gestellt, denn nur die fernliegende Antwort 26. Sb5—d4!! vermochte den Angriff schließlich abzuschlagen, z. B. 26. Tf3×f2+ 27. Td2×f2, g3×f2 28. Sd4—f3, oder 26. c5×d4? 27. La3×f8, oder 26. Le5×d4 27. e3×d4, Tf3×f2+ 28. Td2×f2, g3×f2 29. d4×c5.

Die während der Partie vorbereitete Erwiderung (25. g4—g3!) 26. h2×g3 hätte nur Remis ergeben: 26. Tf3×g3+ 27. f2×g3, Df6×f1+ 28. Kg2—h2, Le5×g3+ 29. Kh2×g3+, Df1—e1+ usw.

26. f2—f4!

Schwarz darf wegen des auf h3 dann hängenden Turms nicht en passant schlagen. Mit der Vertreibung des Le5 ist sein Angriff zu Ende und sein Schicksal besiegelt.

	26. Df6×h4
27. Kg2—g1	27. Le5—g7
28. Td2—g2	28. Kg8—h7
29. La3—c1	29. Tf8—f5
30. Lc1—d2	30. Sa6—b4
31. Ld2—e1	31. Dh4—h5
32. De4×b7	32. Th3×e3
33. Le1—c3	33. Dh5—h6
34. Lc3×g7	34. Dh6×g7

Weiß lenkt nun in ein Endspiel ein, das keine technischen Probleme mehr bietet.

35. Db7×g7+	35. Kh7×g7
36. Sb5×a7	36. Te3—e4
37. Tg2×g4	37. Sb4×a2
38. Sa7—b5	38. Te4—e3
39. Tg4—g3	39. Te3—e6
40. Sb5—c7	40. Te6—e2
41. Sc7—d5	41. Tf5—h5
42. Tg3—g2	42. Te2×g2+
43. Kg1×g2	43. Sa2—b4
44. Sd5×b4	44. c5×b4
45. Tf1—a1	45. Th5—h8
46. Ta1—a7+	46. Kg7—f6
47. Ta7—b7	47. Kf6—f5
48. Kg2—g3	

Schwarz gab auf. Wenn 48. Th8—d8, so 49. Tb7—b5+ nebst 50. Tb5×b4.

Eine Partie mit aufregenden Höhepunkten.

68. PARTIE

Clare-Benedict-Turnier, Luzern 1963

Holländisch

Weiß — *Darga*	Schwarz — *Dückstein*
1. d2—d4	1. e7—e6
2. Sg1—f3	2. f7—f5

Der österreichische Meister ist einer der wenigen, die heute noch diese schwierige Verteidigung wagen.

3. g2—g3	3. Sg8—f6
4. Lf1—g2	4. Lf8—e7
5. 0—0	5. 0—0
6. Sb1—c3	

Darga verzichtet noch auf den Zug c2—c4 und stellt damit

seinen Partner (und natürlich auch sich selbst) vor ungewohnte Probleme.

6. d7—d5

7. Lc1—f4 7. b7—b6

Den lästigen Springerausfall hätte 7. c7—c6 unterbunden.

8. Sc3—b5!

Weiß ergreift gern die Gelegenheit, ohne Zeitverlust den c-Bauern frei zu machen und ins Gefecht zu werfen.

8. Sf6—e8

Auf 8. Sb8—a6 war 9. Sf3—e5 und danach c2—c4 geplant.

9. c2—c4 9. Lc8—b7

Darga empfiehlt (in der „Deutschen Schachzeitung"), den ohnehin unvermeidlichen Zug c7—c6 einzuschalten, damit der c-Bauer auf d5 wiedernehmen kann.

10. c4×d5 10. e6×d5
11. Dd1—b3 11. c7—c6
12. Sb5—c3 12. Kg8—h8
13. Db3—c2 13. Sb8—d7

Weiß

14. h2—h4!

Eine bemerkenswerte Angriffsunternehmung. Der Punkt g5 wird den weißen Figuren zugänglich, außerdem droht der h-

Bauer weiter vorzugehen, besonders wenn es gelingt, den Zug g7—g6 herauszufordern (zum Beispiel durch Lg2—h3).

14. Se8—d6

15. Sf3—g5 15. Le7×g5

Ein positionelles Zugeständnis; aber 15. Tf8—f6 hätte wegen 16. Lf4—e5, Tf6—g6 17. Le5×d6, Le7×g5 18. h4 ×g5, Tg6×d6 19. Dc2×f5 zu Bauernverlust geführt.

16. h4×g5

Öffnet die h-Linie und bewacht das Feld f6.

16. Dd8—e7

Bewährt sich nicht; freilich befriedigt auch 16. Sd6—e4 17. Sc3×e4, f5×e4 18. f2—f3 wenig.

17. Sc3×d5!

Mit Hilfe eines Scheinopfers dringt die Dame ins feindliche Lager ein. Darga mußte bei diesem Manöver exakt abschätzen, ob die Drohwirkung der Dame bedeutender ist als die ihr drohende Gefahr.

17. c6×d5

18. Dc2—c7 18. Sd6—b5

Die Figur ist nicht zu halten, und so will sich Dückstein wenigstens am weißen d-Bauern revanchieren.

19. Dc7×b7 19. Sb5×d4

20. Ta1—e1

Ganz falsch natürlich 20. Tf1—e1, Sd4—c2.

20. Ta8—d8

21. Lg2×d5 21. De7—b4!

Nur so kann er noch Probleme stellen. Das naheliegende 21. Sd4×e2+ 22. Kg1—h2 hätte Schwarz unmittelbar einer tödlichen Selbstfesselung ausgesetzt (es droht 23. Ld5—f3).

22. Db7—c7

Nach der Partie wies Darga auf 22. Kg1—g2! hin, um sofort die Kraft der offenen h-Linie ins Spiel zu bringen, z. B. 22. Sd7—c5 23. Db7—e7, Td8—e8 24. De7—d6, Te8—d8 25. Dd6—g6!, oder 23. Tf8—e8 24. De7—f7, Sc5—d3 25. Tf1—h1!, Sd3×e1+ 26. Kg2—f1 mit undeckbarer Mattdrohung.

22. Db4×b2

Zwar folgerichtig, aber nicht am besten. Nach 22. Sd7—c5 23. Lf4—d6, Sd4—b5 24. Ld6×c5, b6×c5 konnte Schwarz kämpfen.

23. Kg1—g2!

Die Gefahr, die dieser Zug heraufbeschwört, unterschätzt der Führer der schwarzen Steine.

23. Sd4—b5

Eher zu versuchen war 23. Db2—b5 24. Ld5—f3. Weiß hat auch dann gute Angriffsaussichten. Die Idee, Jagd auf die Dame zu machen, erweist sich als Bumerang.

24. Dc7—b7!

Darga hat hier sehr genau gerechnet. Wenn 24. Dc7—c6, so Sd7—e5! 25. Dc6—e6, Td8—e8.

24. Sd7—c5

25. Db7—c6 25. Sb5—d4

Weiß

Rettet Weiß die Dame, verliert er den Läufer auf d5, mag Dückstein gedacht haben. Aber der Schein trügt.

26. Dc6—g6!

Ein köstlicher Schlußzug. Schwarz gab auf, weil er nach 26. Td8×d5 (26. h7×g6? 27. Tf1—h1 matt) 27. Tf1—h1, Kh8

—g8 28. Th1×h7, Tf8—f7 (um das Feld f8 für den König zu räumen — außer Matt auf g7 war 29. Th1—e1 zu parieren) 29. Th7—h8+!, Kg8×h8 30. Dg6×f7 vor der undeckbaren Drohung Te1—h1 matt stünde.

69. PARTIE

Beverwijk 1961

Unregelmäßig

Weiß — *Uhlmann*	Schwarz — *Dr. Barendregt*
1. d2—d4	1. d7—d6
2. c2—c4	2. g7—g6
3. Sb1—c3	3. Lf8—g7
4. e2—e4	4. c7—c5
5. d4—d5	5. e7—e5

Weil der Sg8 nicht nach f6 geht, gehört die Partie weder in die „Königsindische" Rubrik noch zur „Pirc-Verteidigung". Am ehesten kann man sie in die Ben-Oni-Gefilde verweisen.

6. Lf1—e2	6. Sg8—h6
7. h2—h4	7. f7—f6
8. Lc1—e3	8. Sh6—f7
9. Sg1—h3	

Auch dieser Springer wird über den Rand entwickelt. Er soll freilich nicht passiv, wie der schwarze, sondern aktiv eingesetzt werden.

	9. Sb8—a6
10. a2—a3	10. Lc8—d7
11. Ta1—b1	11. f6—f5

Sicherer war h7—h5 als Vorbereitung von Lg7—h6.

12. e4×f5	12. Ld7×f5

Sieht gut aus, weil Tb1 und Bh4 angegriffen sind.

13. Sh3—g5!	

Ein plötzliches Erwachen für Schwarz! Er hat nur noch die Wahl unter Übeln und wählt das geringste.

	13. Lf5×b1

Auf 13. Sf7×g5 14. Le3×g5, Lg7—f6 wäre 15. Le2—d3 gekommen, z. B. 15. Lf6×g5 16. Ld3×f5, Lg5×h4 17. Lf5—e6 mit überlegenem Spiel für Weiß.

14. Sg5—e6!	14. Dd8—f6
15. Dd1×b1	15. Lg7—h6
16. Sc3—e4	16. Df6—e7
17. Le3—g5!	

Ermöglicht auch die Invasion des zweiten Springers. Falls 17. Sf7×g5, so 18. h4×g5, Lh6—g7 19. Le2—g4, Sa6—c7 20. Se4—f6+, Lg7×f6 21. g5×f6, De7—f7 22. Se6×c7+, Df7×c7 23. Db1×g6+!, Dc7—f7 24. Lg4—d7+, Ke8—f8 25. Dg6—h6+, Kf8—g8 26. Ld7—e6 und gewinnt — eine Analyse des Turnierbulletins.

	17. Lh6×g5
18. h4×g5	18. Sf7—d8

Die Flucht des Königs über d7 nähme nach 19. Le2—g4, Kd7—c8 20. Se6×c5+ keinen guten Ausgang.

19. Se4—f6+	19. Ke8—f7
20. Db1—e4	20. Sa6—c7

Auch 20. Sd8×e6 21. d5×e6+, Kf7—g7 22. Le2—d3 änderte nichts an der entscheidenden Drohung Th1×h7+.

21. Le2—d3

Weiß

Schwarz gab auf, denn gegen 22. Th1×h7+, gefolgt von De4×g6 matt, ist eine brauchbare Verteidigung nicht zu finden. Zwei solche Springer sieht man nicht alle Tage.

70. PARTIE

Zonenturnier, Budapest 1960

Englisch

Weiß — *Popov*	Schwarz — *Dr. Tröger*
1. c2—c4	1. e7—e5
2. Sb1—c3	2. Sb8—c6

Gebräuchlicher ist die Behandlungsweise 2. Sg8—f6 3. g2—g3, d7—d5, eine Art „Sizilianische Partie im Anzuge" („Lehrbuch des Schachspiels", S. 545).

3. g2—g3	3. d7—d6
4. Lf1—g2	4. Lc8—e6
5. Sc3—d5	5. Sg8—e7
6. e2—e3	6. Dd8—d7
7. a2—a3	

Günstiger sieht 7. Dd1—a4 aus.

	7. Sc6—d8!
8. d2—d3	8. c7—c6
9. Sd5—c3	9. d6—d5

Schwarz steht bereits sehr befriedigend.

10. Sg1—f3	10. f7—f6
11. b2—b3	11. Sd8—f7
12. 0—0	12. Ta8—d8
13. Lc1—b2	13. g7—g5!

Schwarz legt sich scharf ins Zeug. Popov will mit gleicher Münze heimzahlen, trifft jedoch auf einen Partner, der ihn taktisch überspielt.

14. c4×d5	14. c6×d5
15. d3—d4	

Ein gewagtes Spiel.

15. e5—e4

16. Sf3—e1 16. g5—g4

17. Lg2×e4

Dieses Läuferopfer ist die Konsequenz des gewählten Vorgehens.

17. d5×e4

18. Sc3×e4

Davon hat sich Popov zuviel versprochen; sein Gegner läßt sich nicht verblüffen.

18. Se7—d5

19. Se1—d3 19. b7—b6

20. Se4—d2 20. f6—f5

21. Tf1—e1 21. Lf8—g7

22. e3—e4 22. f5×e4

23. Sd2×e4 23. 0—0

24. Se4—c5!?

Popov kombiniert ganz hübsch; nach Rückgewinn der Figur und anschließend der Qualität wäre er materiell im Vorteil.

Weiß

24. b6×c5

25. Sd3×c5 25. Sf7—g5!

Die Widerlegung! Dr. Tröger bekommt drei Figuren für die

Dame. Die fehlenden Bauern spielen angesichts der schwerwiegenden Schwächen am weißen Königsflügel keine Rolle.

26. Sc5×d7 26. Sg5—h3+
27. Kg1—h1

Auch 27. Kg1—g2, Tf8×f2+ 28. Kg2—h1, Sd5—e3! vermag die Partie nicht zu retten.

27. Le6×d7!

Am stärksten, denn Weiß kann seine Dame doch nicht behalten.

28. Dd1—e2

Bessere Züge sind nicht zu sehen.

28. Sh3×f2+
29. Kh1—g2 29. Sd5—e3+!

Dr. Tröger in seinem Element!

30. De2×e3 30. Ld7—c6+
31. Kg2—f1

Der König muß in ein Abzugsschach hinein.

31. Sf2—d1+
32. Kf1—e2 32. Sd1×e3
33. Ke2×e3

Die Schlacht ist geschlagen. Der König in der Brettmitte wird trotz Fehlens der Dame elegant mattgesetzt.

33. Lg7—h6+
34. Ke3—d3 34. Tf8—f2!
35. Lb2—c1 35. Lc6—b5+
36. Kd3—c3 36. a7—a5!

Die Falle schließt sich.

37. Te1—e5

Wenn 37. Lc1×h6, so Td8—c8 matt!

37. Td8—c8+

Weiß gab auf, weil auf 38. Te5—c5, Tc8×c5+ 39. d4×c5, Lh6—g7 mattsetzt. Eine schwungvolle Partie Dr. Trögers.

71. PARTIE

Schacholympia, Leipzig 1960

Englisch

Weiß — *L. Schmid* (Bundesrep. Deutschland)	Schwarz — *Golombek* (England)
1. c2—c4	1. Sg8—f6
2. Sb1—c3	2. d7—d5
3. c4×d5	3. Sf6×d5
4. Sg1—f3	4. Sd5×c3
5. b2×c3	5. g7—g6
6. e2—e3	

Eine bekannte Stellung aus der Grünfeld-Verteidigung wäre nach 6. d2—d4, c7—c5 7. e2—e4, Lf8—g7 entstanden. Schmid beabsichtigt, auf 6. c7—c5 7. Lf1—b5+ zu spielen. Falls darauf 7. Lc8—d7, so 8. Lb5—c4, drohend 9. Dd1—b3. Falls 7. Sb8—d7, so 8. a2—a4 als Vorbeugung gegen späteres b7—b5.

	6. Lf8—g7
7. Lc1—a3	7. Sb8—d7
8. d2—d4	8. c7—c5
9. Dd1—b3	9. 0—0
10. Lf1—e2	10. Dd8—c7
11. 0—0	11. b7—b6
12. Ta1—d1	

Zunächst denkt Schmid an eine Konzentration im Zentrum.

	12. Lc8—b7
13. d4—d5	13. Ta8—d8
14. c3—c4	14. Tf8—e8

Näher lag Sd7—e5, um durch Tausch Entlastung zu suchen. Hingegen hatte 14. Sd7—f6 den Nachteil, den Lg7 abzuschließen, so daß 15. La3—b2 den zusätzlichen Effekt hätte, 16. Lb2—e5 zu drohen.

15. La3—b2	15. f7—f6

Schwarz will den wichtigen Verteidigungsläufer behalten; gleichwohl läßt sich die Schwäche der Punkte e6 und g6 nicht übersehen. Vielleicht sollte er sich zu 15. Lg7×b2 16. Db3×b2, e7—e5 oder auch sofort e7—e5 entschließen.

16. a2—a4

Zwar kommt es im Laufe der Partie nicht zu a4—a5, der Zug liegt jedoch immer in der Luft.

	16. e7—e6
17. Lb2—c3	17. Kg8—h8

Nach Tausch auf d5 drohte sonst d5—d6+.

18. h2—h4	18. e6×d5
19. c4×d5	19. Sd7—f8

Weiß

20. h4—h5!

Weiß beginnt mit direkten Drohungen. Sogleich sieht sich Schwarz wegen 21. h5—h6 zur Wegnahme dieses Bauern gezwungen und entblößt damit das Feld f5.

	20. g6×h5
21. Sf3—h4	21. c5—c4?!

Golombek wird angenommen haben, daß der Bc4 wegen der schwachen Stellung der weißen Läufer auf der c-Linie nicht gut zu nehmen war.

22. Le2×c4!

Schmid hat genau berechnet, daß das gefahrlos geschehen

kann. Zwar muß er den Bd5 hergeben, die schwachen Punkte im schwarzen Lager werden aber immer deutlicher spürbar. Die Alternative 22. Db3—b2 behagte Schmid wegen 22. Td8×d5 23. Td1×d5, Lb7×d5 24. Lb2×f6, c4—c3! mit Recht weniger.

22. Td8—c8

Verfehlt wäre 22. Te8—e4 23. Td1—d4.

23. Td1—d4

Der verführerische Zug 23. Lc4—b5 hätte wegen Te8—e4 24. d5—d6!, Dc7×c3 25. Db3×c3, Tc8×c3 26. d6—d7, Sf8 ×d7 27. Td1×d7, Lg7—f8 nicht viel eingebracht.

23. Lb7×d5

Ein hübscher Zug, der allerdings in strategischer Hinsicht verfehlt ist, weil die weißen Felder tödlich schwach werden.

24. Lc4×d5 — 24. Dc7×c3
25. Db3—d1 — 25. Te8—e5
26. Dd1—f3

Sobald Weiß zu Sh4—f5 kommt, hat er gewonnenes Spiel.

26. Tc8—d8
27. Sh4—f5 — 27. Sf8—g6

Wenn 27. Dc3—c8, so 28. e3—e4. Schwarz müßte dann auch mit Turmverdoppelung auf der d-Linie und eventuellem Ld5—b7 rechnen.

28. Tf1—d1

Hier bringt 28. Sf5—h6 wegen 28. Td8×d5 29. Td4×d5, Lg7×h6 30. Df3×f6+, Kh8—g8 nichts ein. Jetzt aber droht anschließend der Td1 einzugreifen.

28. Dc3—c5 (s. Diagr.)

Zäher verteidigte 28. Dc3—c7. Weiß hätte dann mit einem Räumungszug des Ld5 die d-Linie erobert und viele Drohungen behalten.

29. Sf5—h6! — 29. Te5—e7

Zwecklos wäre nun 29. Td8×d5 30. Td4×d5, Te5×d5 31. Td1×d5, Dc5—c1+ 32. Td5—d1.

30. Sh6—f7+ — 30. Te7×f7
31. Ld5×f7 — 31. Td8×d4

Weiß

(Nach dem 28. Zug)

32. e3×d4	32. Dc5—f8
33. Df3—b7	

Schwarz gab den hoffnungslosen Kampf auf. Eine echte Schmid-Partie.

72. PARTIE

Europa-Mannschaftsmeisterschaft, Oberhausen 1961

Englisch

Weiß — *Toran* (Spanien)	Schwarz — *Tal* (UdSSR)
1. c2—c4	1. e7—e5
2. Sb1—c3	2. d7—d6
3. g2—g3	3. f7—f5
4. d2—d4	

Positionsgemäßer ist 4. Lf1—g2 nebst 5. d2—d3.

	4. e5—e4
5. f2—f3	5. Sg8—f6
6. Lf1—g2	6. e4×f3
7. Sg1×f3	7. g7—g6
8. 0—0	8. Lf8—g7

9. e2—e4

Es gelingt dem Weißen zwar, den rückständigen e-Bauern abzutauschen und die e- und f-Linie zu öffnen; inzwischen holt Schwarz die Entwicklung nach und ergreift bald selbst die Initiative.

	9. f5×e4
10. Sf3—g5	10. 0—0
11. Sg5×e4	11. Sf6×e4
12. Tf1×f8+	12. Dd8×f8
13. Sc3×e4	13. Sb8—c6!
14. Lc1—e3	

Auf der e-Linie steht der Läufer, wie sich bald zeigt, nicht günstig. Darum war 14. d4—d5, Sc6—e5 15. Dd1—f1 das kleinere Übel.

	14. Lc8—f5
15. Dd1—d2	15. Ta8—e8

Die schwarze Stellung spielt sich fast von selbst.

16. Se4—g5

Weiß mußte diesen und die kommenden Züge in der Vorausberechnung vorgesehen haben — aber Tal hat weitergerechnet!

Weiß

16. Te8×e3!

17. Lg2—d5+

Auf diesen Gegenangriff hatte Toran gepocht. Einige Kritiker hielten 17. Lg2×c6 für eine Widerlegung des Talschen Spiels; der große Taktiker wollte dann 17. Df8—e7 18. Lc6—d5+, Kg8—f8 fortsetzen. Bei 19. Sg5×h7+, Kf8—e8 stünde der Springer schlecht und Schwarz behielte starken Angriff mit den Drohungen Te3—e2 oder Lg7—h6.

17. Kg8—h8

18. Sg5—f7+

Ist damit nicht ein „ewiges Schach" gesichert?

18. Df8×f7!

Tals Geschoß! Er hat nur zwei Figuren für die Dame, aber der weiße König gerät ins Kreuzfeuer.

19. Ld5×f7	19. Te3—d3
20. Dd2—e2	20. Lg7×d4+
21. Kg1—g2	21. Sc6—e5

Eine ideale Konzentration von Macht in der Zentralzone des Brettes.

22. Ta1—d1	22. Td3—e3!
23. De2—f1	23. Lf5—e4+
24. Kg2—h3	24. Te3—f3

Die Falle schnappt zu.

25. Df1—e2	25. Le4—f5+

Weiß gab auf, denn 26. Kh3—h4, Ld4—e3 ist ebenso hoffnungslos wie 26. Kh3—g2, Tf3—f2+. Gegen den versammelten Ansturm der schwarzen Streitkräfte war der bloßgestellte König machtlos.

73. PARTIE

Interzonenturnier, Stockholm 1962

Englisch

Weiß — *Kortschnoj*	Schwarz — *Dr. Filip*
1. c2—c4	1. Sg8—f6
2. Sb1—c3	2. c7—c5

3. g2—g3 3. e7—e6
4. Sg1—f3 4. b7—b6

Die Partie lenkt in die Bahnen der Damenindischen Verteidigung ein.

5. Lf1—g2 5. Lc8—b7
6. 0—0 6. Lf8—e7
7. d2—d4 7. c5×d4
8. Dd1×d4

In früheren Jahren pflegte man stets 8. Sf3×d4 zu spielen.

8. 0—0

9. Tf1—d1

Später hielt Kortschnoj 9. e2—e4 für aussichtsreicher, z. B. 9. Sb8—c6 10. Dd4—e3, d7—d5 11. e4—e5, oder 9. d7—d5 10. e4×d5, e6×d5 11. Sf3—e5, Le7—c5 12. Dd4—d1, Dd8—e7 13. Tf1—e1.

9. Dd8—c8

Weniger gut 9. d7—d5 wegen 10. Sf3—e5; hingegen kam 9. Sb8—c6 10. Dd4—f4, Dd8—b8 in Frage (Gligorić — Smyslov, Zürich 1953).

10. e2—e4 10. d7—d6

Eine andere Idee war 10. Sb8—c6 11. Dd4—d3, Tf8—d8 12. e4—e5, Sf6—e8, um später mit d7—d6 zu kommen.

11. b2—b3 11. Sb8—c6
12. Dd4—d2 12. Tf8—d8
13. Dd2—e2 13. Sf6—d7

Nach Kortschnoj sollte Schwarz an ein Gegenspiel mit eventuellem b6—b5 denken und etwa 13. Dc8—b8 14. Lc1—b2, a7—a6 spielen.

14. Lc1—a3 14. Dc8—b8
15. Td1—d2 15. Sd7—c5
16. Ta1—d1 16. e6—e5

Schwarz mußte schon mit einem Manöver wie b3—b4—b5 nebst La3×d6 rechnen. Er versucht ein Gegenspiel, bei dem er auf Kosten des Punktes d5 auf den Punkt d4 „drückt“.

17. Sc3—d5 17. Le7—f8
18. La3—b2 18. Sc5—e6

19. b3—b4	19. Td8—e8
20. a2—a3	

Kortschnoj gab später 20. Lb2—c3 den Vorzug.

	20. Lb7—c8
21. h2—h4	21. Db8—b7
22. h4—h5	22. h7—h6
23. Sd5—e3	

Und hier empfahl er 23. De2—e3, Ta8—b8 24. Sf3—h4! Der Sd5 sollte seinen Platz halten.

	23. Db7—c7
24. Se3—f5	24. Te8—d8
25. Td2—d3	25. a7—a5
26. Lb2—c3	26. a5×b4
27. a3×b4	27. b6—b5!

Dr. Filip hat Bewegung in den Kampf gebracht.

28. c4×b5	28. Sc6—a7
29. De2—d2	29. Sa7×b5

Fehlerhaft wäre statt dessen 29. Lc8—b7 30. b5—b6, Dc7 ×b6 31. Sf5×d6.

30. Lc3×e5	30. Lc8—b7?

Weiß

Schützt den Punkt d8 und bedroht e4. Die Lage hat sich

scharf zugespitzt. Wenn Dr. Filip an seine Sicherheit gedacht hätte, konnte er sich mit 30. d6×e5 31. Td1×d8, Se6×d8 32. Dd2×d8, Ta8—a1! zufriedengeben mit vermutlichem Remisausgang.

31. Td1—c1 31. Dc7—b8

Wenn 31. Dc7—b6, so 32. Le5—d4.

32. Le5×g7!!

Trotz hochgradiger Zeitbedrängnis setzt Kortschnoj alles auf eine Karte. Der Erfolg gibt ihm recht.

32. Lf8×g7

Eine sehr hübsche Zugfolge gibt Kortschnoj auf 32. Lb7×e4 an, nämlich 33. Sf5×h6+, Kg8×g7 34. Sf3—g5!, Le4×d3 35. Sg5×e6+, f7×e6 36. Dd2×d3 mit der Drohung 37. Dd3—g6+ nebst matt.

33. Sf5×h6+ 33. Lg7×h6

Oder 33. Kg8—f8 34. Sf3—g5 mit drei Bauern und Angriff für die Figur.

34. Dd2×h6 34. Lb7×e4
35. Td3—e3 35. d6—d5

Weiß hat jedenfalls genügend Spiel, z. B. 35. Db8—b7 36. Sf3—g5, Le4×g2 37. Dh6—h7+, Kg8—f8 38. Te3×e6, f7×e6 39. Sg5×e6+, Kf8—e8 40. Dh7—g8+, Ke8—e7 41. Se6×d8, Ta8×d8 42. Dg8—g7+, Ke7—e6 43. Tc1—e1+ mit leichtem Gewinn.

36. Sf3—g5 36. Db8—e5
37. Te3×e4 37. De5×g5
38. Te4×e6 38. Dg5×h6
39. Te6×h6 39. Ta8—a4

Die letzte Hoffnung ist die Eroberung des b-Bauern.

40. Th6—b6! 40. Sb5—d4

Er muß verzichten: 40. Ta4×b4? 41. Lg2—f1, und der Springer geht verloren.

41. Tc1—c5

Schwarz gab den beiderseits schwungvoll geführten Kampf auf (41. Sd4—e2+ 42. Kg1—h2, d5—d4 43. Tc5—g5+, Kg8—f8 44. Tb6—h6, Ta4×b4 45. Th6—h8+, Kf8—e7 46.

Th8×d8, Ke7×d8 47. h5—h6), der Kortschnoj den geteilten 2. und 3. Schönheitspreis einbrachte.

74. PARTIE

Kandidatenturnier, Curaçao 1962

Englisch

Weiß — *Petrosjan*	Schwarz — *Kortschnoj*
1. c2—c4	1. c7—c5
2. Sg1—f3	2. Sg8—f6
3. d2—d4	3. c5×d4
4. Sf3×d4	4. g7—g6
5. Sb1—c3	5. d7—d5

Die Variante 5. Lf8—g7 6. e2—e4, d7—d6 ist als „Maroczy-Aufbau" gegen die Drachenvariante der Sizilianischen Verteidigung bekannt.

6. Lc1—g5	6. d5×c4
7. e2—e3	7. Dd8—a5

Auch ein Großmeister darf nicht mit dem Feuer spielen. Richtig war 7. Lf8—g7 und baldige Rochade.

8. Lg5×f6	8. e7×f6
9. Lf1×c4	9. Lf8—b4
10. Ta1—c1	10. a7—a6

Weiteres Aufschieben der Rochade ist mit Lebensgefahr verbunden, wie sich bald zeigt.

11. 0—0	11. Sb8—d7
12. a2—a3	12. Lb4—e7 (s. Diagr.)

Der Läufer stört hier mehr als er nützt. Deswegen war der Tausch auf c3 angebracht. Petrosjan, der sich in Curaçao das Recht erwarb, Weltmeister Botwinnik herauszufordern, läßt nun ein glänzendes Kombinationsspiel vom Stapel.

13. b2—b4!

Er kreidet der Dame an, daß sie zu früh spazierengegangen ist. 13. Da5×a3 verbietet sich nämlich wegen 14. Sc3—d5

Weiß

(Nach dem 12. Zug)

mit der Doppeldrohung 15. Sd5—c7+ und 15. Tc1—a1, Da3—b2 16. Ta1—a2 mit Eroberung der Dame.

13. Da5—e5

Noch schlechter ist 13. Da5—d8 14. Lc4×f7+!, Ke8×f7 15. Dd1—b3+, Kf7—e8 16. Sd4—e6, Dd8—b6 17. Sc3—d5! und gewinnt.

14. f2—f4!

Lädt zum Schlagen auf e3 mit Schachgebot ein.

14. De5—b8

Sie zieht sich lieber in einen stillen Winkel zurück. Wie hätte sie sich auch nach 14. De5×e3+ 15. Kg1—h1 gegen 16. Tf1—f3 verteidigen sollen?

15. Lc4×f7+!

Der Läufer räumt die Hindernisse, die der Invasion der weißen Dame und der beiden Springer noch im Wege standen, beiseite.

	15. Ke8×f7
16. Dd1—b3+	16. Kf7—e8
17. Sc3—d5	17. Le7—d6
18. Sd4—e6	18. b7—b5
19. Sd5—c7+	19. Ke8—e7

20. Se6—d4	20. Ke7—f8
21. Sc7×a8	

Schwarz gab auf (21. Db8×a8 22. Db3—e6, Da8—b8 23. Sd4—c6, Db8—c7 24. Sc6—e7). Ein katastrophaler Zusammenbruch. Tigran Petrosjan hat seinem Beinamen „Der Tiger" alle Ehre gemacht.

75. PARTIE

Studenten-Mannschaftsweltmeisterschaft, Helsinki 1961

Königsindischer Angriff

Weiß — *Stein* (UdSSR)	Schwarz — *Zinn* (Deutschland-Ost)
1. Sg1—f3	1. d7—d5
2. g2—g3	2. c7—c5
3. Lf1—g2	3. Sb8—c6
4. 0—0	4. e7—e5

Es wird also „Königsindisch" mit vertauschten Farben gespielt. Das Tempo, das Weiß mehr hat, gibt ihm eine gewisse Initiative.

5. d2—d3	5. Lf8—e7
6. Sb1—d2	6. Sg8—f6
7. e2—e4	7. Lc8—g4
8. h2—h3	8. Lg4—e6

Schwarz hat einen Zug verschenkt.

9. Dd1—e2	9. d5×e4
10. d3×e4	

Weiß hat schon hier deutlich mehr vom Spiel.

	10. 0—0
11. c2—c3	11. Sf6—d7
12. Sd2—c4	12. b7—b5
13. Sc4—e3	13. c5—c4
14. Tf1—d1	14. Dd8—c7

Schwarz verzichtet damit auf das Läuferpaar; deswegen

kam 14. Dd8—b8 in Frage. Weiß hätte dann den Angriff mit 15. Se3—f5 fortgesetzt.

15. Se3—d5! 15. Le6×d5

Das geringere Übel war 15. Dc7—d8 16. Sd5×e7+, Dd8×e7 17. Sf3—g5. Die Läufer sind gegen die Springer in der ziemlich geschlossenen Position nicht leicht zur Geltung zu bringen.

16. e4×d5 16. Sc6—a5

Weiß

17. Sf3—d4!

Das bringt Leben in die Partie. Schwarz muß mit 18. d5—d6, aber auch mit 18. Sd4×b5 rechnen. Beides parierte 17. Ta8—b8, doch dann schwenkt Weiß auf den Königsflügel hinüber: 18. Sd4—f5, Le7—f6 19. d5—d6, Dc7—d8 20. Lc1—e3, Sd7—b6 21. De2—g4, Kg8—h8 22. b2—b4!, c4×b3 e. p. 23. a2×b3, Sa5×b3 24. Ta1×a7, und Weiß beherrscht das Brett.

17. e5×d4

18. De2×e7 18. Ta8—e8

19. Lc1—f4!

Stein spielt die ganze Partie mit großem Schwung und gönnt dem Gegner keine Atempause. Hier kommt 19. Te8

×e7 20. Lf4×c7, Sa5—b7 21. d5—d6 gar nicht in Betracht, und auch 19. Dc7—c8 20. De7—b4 wäre völlig aussichtslos.

19. Dc7×f4

20. De7×d7!

Mit Recht läßt sich Weiß auf 20. De7×e8, Tf8×e8 21. g3 ×f4, d4—d3 nicht ein.

20. Df4—f6

21. Td1×d4 — 21. Te8—e2
22. Td4—f4 — 22. Df6—b6
23. b2—b4!

Zur Öffnung der a-Linie ist es notwendig, den Bb5 festzulegen (23. a2—a4, b5—b4).

23. Sa5—b7

Oder 23. c4×b3 e.p. 24. a2×b3, Sa5×b3 25. Ta1×a7, Sb3 —c5 26. Dd7×f7+!, Tf8×f7 27. Ta7—a8+, und Schwarz wird matt.

24. a2—a4 — 24. Sb7—d6
25. a4×b5 — 25. Sd6×b5
26. Dd7—c6

Nach dem Damentausch ist der Gewinn technisch einfach.

26. Te2—c2

27. Dc6×b6 — 27. a7×b6
28. Tf4×c4 — 28. Tc2×c3
29. Tc4—c6!

Durchweg elegant.

29. f7—f5

30. Lg2—f1 — 30. Tc3×c6
31. d5×c6 — 31. Sb5—d6
32. Ta1—d1 — 32. Sd6—c8
33. Lf1—c4+ — 33. Kg8—h8
34. c6—c7 — 34. g7—g6
35. Td1—d8 — 35. Kg8—g7
36. Lc4—e6

Schwarz gab auf. Diese energisch durchgeführte kombinationsreiche Partie brachte Stein den ersten Schönheitspreis ein.

PARTIENREGISTER

(Zahl = Partienummer)

INHALTSVERZEICHNIS